日本人が移民だったころ

寺尾紗穂

河出書房新社

日本人が移民だったころ　目次

日本人が移民だったころ

まえがき

二〇〇九年に読んだ樋口健二『闇に消される原発被曝者』という本がきっかけで、原発労働について話をしてくれる当事者を探して調べていた。探し当てた証言者の話の中で、「原発には日系の人がいた」という証言に何度かであった。リーマンショック後に職を失った南米からの日系二世や三世の中には、原発労働に流れた人々がいたことを知った。日系人は、みかけは日本人のようでビザなどの問題もなく、採用されやすい背景があったと言える。トヨタなどの工場労働を求めて、多くの日系人が日本に来ていることは知っていた。彼らの父や祖父が海を渡っていったことは想像がついたが、その詳細を知ることはなかった。当時私が知っていた移民は、戦前に海を渡っていき、終戦となると日本に戻った人たちだった。だから原発で働いていたとされる日系ブラジル人をはじめとした日系人たちの中に、戦後の日本から南米に渡った人たちがいるとは当時は思いもよらなかった。

戦後移民のことを知ったのは、中島敦の作品を読んだことがきっかけで南洋に興味を持ち、サイパンやパラオに渡っていた移民たちに取材を始めてからだった。引き揚げた戦後日本で、再び開拓地と格闘し、そこを安住の地とした人たちは、やがてパラオ時代や戦後の困難をふりかえる回想録を各集落で残したが、それを読む中で、日本各地の開拓地からペルーやパラグアイなど南米に再移住した人々の存在を知った。驚きだった。彼らの流転のその先を知りたくなった。本書の後半は、そうした人々をたどる旅になっている。

すでに本にまとめた『あのころのパラオをさがして』を刊行したあと、まだまだこれから向き合わなくてはいけない、と痛感したテーマは、引き揚げから戻って戦後の日本を生きた人々のことだった。南洋の現地の人々の声が顧みられてこなかったのと同じくらい、元移民だった日本人たちの戦後の声もまた、ほとんど表に上がっていない、と感じた。

彼らの多くは、戦前、経済的に先の見えない生活に見切りをつけ、海外に活路を見出した。満州、朝鮮、台湾、南洋、あるいは南米やアメリカへ。敗戦後、日本が勢力を拡げた満州、朝鮮、台湾、南洋に渡った人々は帰国を余儀なくされた。着の身着のままで日本に戻った人々の戦後は様々だ。夫を戦争で失い、女手一つで戦後を生きた人、炭鉱に活路を見出した人もあれば、米軍基地に職を得た人、逆に戦闘の被害を受け、もう軍隊に関わりたくないと基地の仕事を避けた人もいた。開拓地に家族総出で入り、「こじき集落」「かいたくもん」などと陰口をたたかれながら、やせた土地と格闘した人々もいた。川辺の条件の悪い場所では、度重なる水害にあったり、全壊となり多数の死者を出した開拓地に生きた人もいた。開拓の厳しさに見切りをつけ、南米に再び移民として渡った家族もいる。

現在ニュースで語られる「移民」は、一番にアジアやアフリカ、中東などから日本へやってくる人々がイメージされ、日本社会への移民受け入れの是非をめぐる意見や、いかに共生が可能か、といった議論が交わされている。時に無知や差別意識に満ちた意見もみられるが、こうした日本人の「移民」イメージをのぞいてみると、移民はどこまでも「他者」であり、まるで日本人は移民になることなどないような錯覚にとらわれる。しかし、明治から戦後のある時期まで、日本は確かに国策として移民を推奨する「移民送り出し国」であった。

日本の貧しい村から海を渡った人々は多く、ハワイやブラジルをはじめとして、オーストラリア、フィジーなど同郷の知人や親戚を頼って世界に広がっていった。これは今日では華僑のイメージに近い。沖縄や九州はとりわけそのような傾向が強かったが、東北や北海道からも、多くの移民が出ている。『あのころのパラオをさがして』で取材をさせてもらった宮崎・環野《たまきの》の開拓地に今も在住の久保《くぼ》松雄《まつお》さんも、戦前の福島から母親と共にパラオに渡った経歴を持つが、久保さん自身は父親がフィリピン人でフィリピン生まれだった。久保さんが生まれる前、母親が福島からフィリピンに写真見合いで海を渡っているのだ。

おそらく、フィリピンに嫁いだ方が幸せな生活が送れるという考えからだろう。当時の日本人の移動ぶりは想像以上にダイナミックである。

戦前と戦後は言うまでもなく繋がっている。けれど、そのことは一人一人の人間を主軸に見ていかなければ気付きにくいことでもある。私たちが過去を知ろうとして、テレビ番組や本などの情報から学ぶとき、それがわかりやすいものであるほど、まるで戦前と戦後は180度違う時代のように描かれ、教科書的な表層の理解にとどまってしまう。あるいは情報の多くが戦前は戦前のこと、戦後は戦後のこと、と最初から区切られている。けれど、個人の人生は厳然と連続しており、その中に戦前と戦後をつなぐ経験が凝縮され、一人一人の感情がその上に形作られている。

私たちが歴史の横顔をなんとかつかもうとするとき、個人の人生から得られる情報は得難い価値を持つ。それらは一つ一つが違う様相をしているからだ。パラオで少年たちが銃を持たされた、というのは私が久保さんから聞いた話だ。久保さん自身が銃を持たされて畑の監視隊をさせられていた。他の少年兵の一人は畑に盗みに入った日本兵を撃ち殺した。けれど、公の歴史としてそんな事実は残っていない。小さないくつもの声は、紙で残された文書によって立ち上がった大きな歴史の細部を埋め、ときに懐疑を呼び起こし新事実をつきつける。

引揚者はすでにふれたように、朝鮮、満州、台湾、南洋など様々なところから日本に戻っている。南洋からの引揚者といっても、サイパン、テニアン、マーシャルなど多岐にわたるが、本書では、私が学生時代、中島敦という作家の作品を通して縁をもらい、執筆を通して向き合ったパラオからの引揚者の行方を追う。もう少しで消えていこうとする戦前と戦後をつなぐ元引揚者たちの声を伝えてみたい。

父のいない戦後

札幌・**平尾富士子**さん

「まあ、よく遠くから来てくださって」

最寄りのバス停まで迎えにきてくれた平尾富士子《ひらおふじこ》さん（昭和一六年生まれ・取材時七六歳）は、初対面の私の手を握って歓迎してくれた。私もそうだが、あまり人見知りしない方のようだ。人懐こい笑顔に、心がたちまち温かくなる。歩いて数分の、御主人が営む整骨院を兼ねるご自宅でお話を伺う。小さなサンルームに植物たちが心地よさそうに置かれ、庭の梅の木は札幌の遅い春につぼみを膨らませていた。

「パラオに行けるとも思ってなかったのね。天皇陛下（現上皇）が行くっていうので、初めてね。私も行きたいと」


パラオは富士子さんの生まれた場所であり、亡き父が眠る土地だ。北海道にも南洋帰還者の集いはあったが、富士子さんはそれまで繋がったことがなかった。二〇一五年、天皇のパラオ訪問決定のニュースで堰を切ったように、パラオへの思いが高まった。ニュースを見て、まだ詳細の決まらないうちから、ＮＨＫや読売新聞、道庁、宮内庁などに次々と問い合わせたという。富士子さん一家は旭川に近い上川郡東鷹栖《ひがしたかす》から昭和一〇年にパラオに渡った。遡ると淡路島からの移民という。明治の初めに淡路島の洲本から洲本城の警備を任されていた稲田《いなだ》邦植《くにたね》の移民団が日高地方に入っているが、あるいはその末裔だろうか。稲田は一八七〇（明治三）年から移民送出に着手、一八七一年には淡路大浜から二一五名を薩摩の汽船で送り出したが、途中暴風雨で船が沈没、八三名が亡くなったため、この後淡路から北海道への移民はしばらく途絶えたという（若林功『北海道開拓秘録　第一篇』）。富士子さんの父が育った東鷹栖は一八九二（明治二五）年に鷹栖村として開墾が始まった。明治三二年には柾《まさ》葺《ぶ》きの家々が並んで、私財のある者は「二部屋横並び」の家を作り、明治末には「三部屋横並び」の家が増えたという。移住当時は薪を直接燃やしていたが、大正末期には貯炭式ストーブや薪ストーブが重宝がられた。発展していた村も第一次世界大戦後の恐慌の影響を受ける。やがて戦争がはじまり日本の版図が広がっていくと、推奨される移住を決める家も出始める。富士子さん一家の決断は昭和一〇年だった。三男だったお父さんには、土地が十分にもらえなかったことも要因だった。

「家族全員で行ったのね。三男だった父が、母、兄と幼い姉とお祖父さんも連れて合計一〇人以上でいったの。パラオで人が開拓していたところに入って、パイナップルやバナナ、マンゴー、パパイヤとか作って。清水村というところ」

パラオには、本島と呼ばれたバベルダオブ島の中央部に大和村、朝日村、清水村、南西部に瑞穂村という日本人の開拓村があり、それぞれの村に神社や小学校があった。朝日村は旭川からの移住者が七割を占めたことから付けられた名前というが、南洋への移民全体でみても、沖縄を除くと、東北と並んで北海道からの移住者が多い。富士子さんの一家は清水村に入ったが、旭川周辺からの移住者は朝日村に多かったと言われるから鷹栖村周辺からの先発隊もすでに多くいたと思われる。

パラオの清水村で暮らして六年後には富士子さんが生まれ、昭和一九年には妹も生まれた。お祖父さんは清水小学校そばで雑貨屋を始め、日本の米を輸入し、パラオからは缶詰を輸出したという。

「うちも父が兵隊行く（現地召集でとられる）まではちゃんとしてたけど、そのあとは（アメリカ軍による攻撃を避けるために）ジャングルだから。姉がキノコをとってきてくれたりして私たちを育ててくれた。母は次の子が生まれたりで大変で。お乳も出ないから赤ちゃんに果物とかネズミとかあげて。ネズミの、一番おいしい腿のところをあげるといつまでも噛んでいたそうです」

農業移民として渡った人々も戦争が激しくなると現地召集された。食糧不足から日本軍が畑を管理するようになり、移民たちも育てたものを自由にとることは禁じられていく。兵隊たちの飢えはすさまじく、栄養失調による病死が相次いだ。飢えのあまり畑に盗みに入った兵隊が少年兵に撃ち殺された事はすでに述べた。富士子さんの父も、すきを見て軍隊を抜け出して家族に会いにきたときには、変わり果てた姿になっていた。

「もう栄養失調のむくみで、ぼんぼこに腫れてて。今でもそんな顔しかしらない。(軍に)帰らなかったら脱走兵になるから、戻るよう知らせてくれって仲間が伝えに来て。帰る時、靴がはけないほど足がふくれていて紐でしばって履いていた。そのあと私を抱いてから、帰っていったのを記憶しています」

軍に戻った父はほどなくして亡くなった。

「大和村の野戦病院(にいる)と言われて行ったらもう埋めた後だったと。(遺体を埋める)穴ぼこがずーっとあったって」

引揚者の一部を収容した幕張の「千葉県厚生寮」

富士子さんは長らく、父はアメリカ兵と戦って死んだ、と思っていたが、後に栄養失調で死んだと知った。

「ずっとアメリカのものは買わない、食べないと思ってやってきたのに、びっくりがっかりして」

富士子さんにとっては、お父さんへの思いは特別だった。富士子という名前をお父さんが日本への望郷の思いをこめてつけたからだ。戦わずして失われ続けた命があった。

昭和二一年、一家は引揚者の一部を収容した幕張の「千葉県厚生寮」にひととき落ち着いたが、歩けていた二歳の妹も栄養不良で千葉の病院で亡くなっている。病院に付き添うとき、母は寮を出て富士子さんたちを親類に預け、一時家族は離ればなれになったが、その甲斐もなく、ネズミの腿を食べさせながら母親が海を越えてつないだ幼い命も、戦後に失われた。

厚生寮は元陸軍の西廠舎《にししょうしゃ》で、現在の東習志野二丁目あたりにあった。引揚者約三〇〇名を収容しており、昭和二一年六月には昭和天皇が「巡幸」で訪問している。戦後間もない時期、天皇は全国の引揚者収容所を訪れた。パラオから引き揚げ、環野開拓に入る前、浦賀の元海軍銃砲学校兵舎で一時暮らしていた舘下剛さん（昭和二一年当時六歳）は、天皇に「よく帰ってきたね」と頭をなでられた記憶がある。

「神と教えられた人が目の前にいて大人はひどく緊張していた。両親はずっと『あの時は涙が出たね』と話していたものだ」と振り返る。

（『宮崎日日新聞』二〇〇二年三月二九日）

戦後、「夫を奪った」と天皇へ恨みをもつ未亡人も、「父を奪った」と天皇に石を投げた少年もいたが、多くの日本人は「人間」となった天皇をいまだ神のように感じていた。当時の遺族たちの動きを見ると、夫の犠牲は「犬死」だった、と捉えた未亡人たちが中心となって補償を求める戦争犠牲者遺族同盟が立ち上げられるが、ここに天皇制を否定する共産党など左派が関わっていくことで、遺族の多数派の支持を失っていった。結果的に戦死者を「英霊」と考える、男性遺族が中心となった日本遺族厚生連盟（日本遺族会の前身）が、遺族代表として政治にも影響を及ぼす団体となった（今井勇「戦没者遺族運動の形成と戦後国家への再統合――戦争犠牲者遺族同盟分裂をめぐって――」『年報日本史叢』二〇〇二）。

ともあれ、戦後引揚者収容所を訪れた数多くの「巡幸」「行幸」は多くの引揚者たちに感激を与え、改めて戦後の天皇への支持を固めるものになったと思われる。すでに四国の親戚の家に移っていた富士子さんに、天皇の記憶はないが、迷子になったときのために「千葉県千葉郡幕張町字千葉厚生寮」と母から暗記させられた住所はいまだに覚えている。

「千葉に着いてからは食べ物探し。さつまいものつるや、ミカンの皮。缶詰の下で火を焚いてね。（食事の）合図の鐘がなったらみんな大人は走っていって茶碗に一杯いれてもらうのね。私が着くころにはもう汁くらいしか残ってないの。なんぼもくれないの。おなかすくからあとで草を拾って缶で煮てね。だからあたしみんな北朝鮮をひどいって笑うけど、なんも笑えないの。昔私あれだったんだって誰にでも言うんだ」

父親の「戦死」と遺族年金

パラオのジャングルでの飢えとの戦いが終わったと思ったら、日本でも飢えが待っていた。四歳の子が見た我先にと食べ物に急ぐ大人たちの姿、飢えの記憶。引揚者としての極貧の経験は富士子さんの中で、飢えに苦しむ現在の北朝鮮の人々の姿と重なって感じられた。北朝鮮を突き放して非難する周囲の友人たちよりも、俯瞰的な視点が獲得されている。

幼い妹の死後、一家は母の妹が暮らす砂川市（札幌と旭川のほぼ中間に位置する）に身を寄せる。

「おばさんの家の馬小屋のようなとこに一、二年いて、兄が中学を卒業したころちょっとましな家を横に建てて。母は出面《でめん》って日雇いつうのかい、冬は駅の除雪。昔は人力で除雪だから、雪が多い時は元旦でも朝方からスコップ一つ担いで行くんだわ。それで一日の出面賃一二〇円。女は正月に行くような人、そんなにいないでしょう、生活に困った人でないと。ほんとにたくましかった。生活のために色んなことやった。昔、丹前下っていう部屋着があってそれを一晩に一枚縫うの。器用な人で」

富士子さん一家のように親族に頼れた場合はまだよかったが、親族から同居を断られ、帰郷を諦めた人も多い。しかし開拓地や引揚者住宅に入った場合、周囲からの差別は多くの場所で起こった。歴史研究者の稲葉寿郎は満州引揚者の多かった土浦引揚寮の人々がその後の街づくりに関わっていったケースをとりあげているが、「引揚者たちの労苦は、(中略)帰国するまでは倒れるわけにはいかないと歯を喰いしばって帰ってきたはずの故国の冷たさ、そしてそこからの生活再建がいかに困難なものであったかを語るとき、ようやく完結するのである」と述べている(稲葉寿郎「恩賜財団同胞援護会と土浦引揚寮」島村恭則編『引揚者の戦後』二〇一三年)。

元旦からの肉体労働に夜なべをして、富士子さんの母は一人、子供たちを育てた。しかし、すでに妹をパラオで産んだ後、生理が止まっていた母の身体は無理がきかず、富士子さんが小学三年生のころ、一家は生活保護となる。

「富士子と〇〇は学級費はいらない(免除)ってみんなの前で毎月先生に言われたのが嫌で、学校に行かないと言って」

結局困った母が保護を断ったが、郵便局で働いていた兄が鉄道員に転職したことで、しのぐことができた。鉄道員は旭川まで無料で行くことができるのも助かった。昭和二七年、戦傷病者戦没者遺族等援護法が施行され、正規の軍人以外にも戦地で受けた負傷、病死などへの補償が始まった。富士子さんが五年生の時のことで、これによって遺族年金が出てはじめて生活も安定した。母が語るパラオの思い出は晩年になるにつれて、楽しいことばかりになり「行って住めるなら住みたい」と語っていたという。最後まで自分のことは自分でやりきって二〇〇六年に九八歳で亡くなった。

日本政府の遺族への補償については、対象が軍人や軍属の家族に限られ、空襲の被害者などがいまだに補償らしい補償を受けられていないことが問題とされてきたが、富士子さんの父は現地召集で栄養失調だったものの、最後は「戦死」とされ「一階級昇進した」。死後階級があがることは割に広く見られたようだが、戦後に死んだ者についても、栄養失調での死亡という軍の不名誉を隠すためなのか、あるいは遺族のことを考えての現場判断なのか、「戦死」とされた。終戦直後もバベルダオブ島への米軍の上陸、関与を拒否した日本軍は、9月2日の降伏調印まで食糧不足のまま餓死者が増えたと言われる。いずれにせよ、富士子さんの父の「戦死」は遺族の苦しい戦後を遺族年金で支えることになった。

パラオに眠る　亡父よ恋しく

天皇の訪問がきっかけでパラオに渡った富士子さんは、海に向かって叫んだ。

「おとうさーんて。お父さんなんて言ったことないんだけどね。富士子だよー、富士子だよーって何回か。それで気が済んだんだ。ほんとは骨があったら持って帰りたいくらいだけどね。こんないいところで、こんな暖かいとこで、こんな太陽がさんさんとして、雪もないとこで埋まってるんだったら、私がここに里帰りするだけで十分だと」
再び日本の土を踏むことのなかった父にかわり、昭和二一年、パラオ生まれの四歳の富士子さんは生まれて初めて日本の土を踏んだ。夫と末子を失い、貧しさの中、身体を壊すまでがむしゃらに働いた母も、後には遺族年金によって安定した戦後を保障された。兄は一九六〇年代に交通事故で亡くなったが、姉は健在（取材当時八五歳）という。度々パラオに渡る富士子さんは「私のふるさとだからねって誰にでも言うんだ」と言う。「行って住めるなら住みたい」という富士子さんの母の言葉を思う。夫が眠る、雪の降らない暖かな太陽の島。北国から南国を目指した人々は、島で築いた生活を失い、家族まで失って帰国することを、そして帰国後の苦しい生活を想像もしなかっただろう。人生をかけた人々の移住は、荒波に揉まれるごとく険しいものになったが、それゆえになんとか安定を得てから過去を振り返れば、かつて南国で築いた時間を楽園のように感じたのかもしれない。今は残された命である富士子さんが、歌をつむぐ。

亡き父の　心に残る　おもかげは
吾れより若く　息子に似たり

吾が娘の名　祖国を偲び　富士子とす

パラオに眠る　亡父よ恋しく

「これはパラオで大統領が一緒に撮ってくれてね」と嬉しそうにツーショットの写真を見せてくれる富士子さんの中で、パラオは故郷であり父の眠る土地でもある。強い思い入れを感じる。

もはや移民として家族を率いて渡った世代はほとんどが鬼籍に入っている。その子供たちの世代の記憶と言葉を通して、移民としての日本の家族の来し方の一端に触れてみたい。

台風と格闘した開拓

種子島・中川博司さん

二〇一八年二月、鹿児島県種子島《たねがしま》に向かったのは、南種子町《みなみたねちょう》にパラオからの引揚者で存命の方がいると中種子《なかたね》町役場で教えてもらったためだ。雨の鹿児島空港に降りて、朝食を食べる間もなく、エアコミューターに乗り込む。回転しはじめた右プロペラの振動は飛行中もずっと伝わって来る。雨のためかシートベルト着用サインは消えず、機体は大型機よりは低い高度を四〇分ほどかけて飛んで行く。

「到底人の住める所ではない」

「種子島の天気は曇り、気温は一二度です」

思ったより暖かくないようだ。九時半に空港へ降りたつと、目的地の中種子町役場を通るバスの出発までは時間がなく、やはり空腹のままバスに乗り込む。乗客は誰もおらず、運転席の上部にかかっている古びた時計は一五時半を指したまま止まっている。どこかこのまま異界に連れて行かれてしまうような気持ちになる。背の高い笹のような植物がゆさゆさと揺れ、とうきび畑も揺れている。菜の花も、桜も、もう咲いている。川を越えればカラスが田んぼで食事をしていた。「マツモトキヨシ」も通り過ぎたが、役場近くには「平和理容所」という床屋があり、昭和を感じる。バスを降りると、役場前にUCCの看板のある喫茶レストランがあるのでモーニングの和食を頼む。これがとても丁寧に作られていてほっとする。

役場の教育委員会のNさんと前もって連絡をとっており、この日は南種子町長谷の中川さん宅に連れて行ってもらうことになっていた。

昭和21年5月

長谷野地区入植開始、第一陣パラオ群島引揚者

松尾太郎次外三十七世帯が南（第一原尾帰農組合二十一戸）

中（第二原尾帰農組合三十一戸）の両町に分かれ集団入植する。

（「戦後の長谷開拓年表」『郷土誌　長谷開拓のあゆみ』長谷小つわぶき大学、平成元年）

「南」と「中」にわかれた、というのは現在の中種子町と南種子町のことだ。このあとも長谷には、サイパン、テニアン、満州、朝鮮、台湾などからの引揚者、戦災者などが次々に入植した。宮城県蔵王町に入植した人々が「北のパラオ」として北原尾と新しく土地の

名を持ったのと同様、種子島にも原尾集落ができていた。最後まで集落名として残ったのは中種子町の原尾だったが、Nさんによれば、中種子町原尾で話を聴ける人はもうほとんどいないということだった。しかし、中種子町役場となりの「図書室」を物色していると『原尾集落』なる冊子があった。ここは「図書館」でないために部外者への本の一時貸し出しもコピーも許可されていなかったが、Nさんに後日おねがいしてコピーを郵送していただいた。それによれば、パラオ引揚者が入った長谷野は馬の放牧地だったところだった。

樹木のない吹きさらしの原野は、茅、ススキに覆われ所々に秋グミの群落が散在していました。当時、国の峯にはダンガノとよばれる地帯に一町歩ほどの農地が開かれていましたが、あとは荒涼とした山林原野で、地元の人たちからは到底人の住める所ではないと言われていました。

（『原尾集落』二〇一三年）

思い出すのは、パラオからの引揚者の一団が開拓に入った宮崎県の環野もまた、「軍馬の放牧地」だったことだ。今も環野で花卉《かき》栽培にとりくむ久保松雄さんは「家もない、道具もない、電気もない。この辺は山で木を切って木の根をとって開拓した。軍馬の養成場でうさぎが通るような道しかなかった」と回想していた。やせた土地が多く、軍が軍馬の放牧地として使用していた。それが戦後開拓地となり、苦労の末に生き残った開拓地もあれば、諦めて外へ出る人が増えて集落が消滅し、再び自衛隊の演習場などになっていったケースもある。

日本の版図の果てから果てまで

中川家に到着すると、おっとりとした愛嬌を感じさせる中川博司《ひろし》さんと、明るい雰囲気の奥様が迎えてくれた。もう一人、パラオからの引揚者である近所の山崎登《やまざきのぼる》さんもしばらくしてお土産のジュースを持って合流した。中川さんは昭和九年北海道生まれの八三歳（取材当時）、中川さんより六歳年長の山崎さんは九〇歳（取材当時）、昭和三年樺太本斗《ほんと》生まれだという。樺太からパラオ、日本の版図の果てから果てまで。予想もしなかった。お二人は平尾富士子さんと同じパラオの清水村で暮らした。

一歳半のとき生母を亡くした中川さんは、継母に抱かれて三歳でパラオへ渡っている。

「北海道から行くっちゅうのは親父の兄貴がパラオに視察に行って、いいってことで。親父は次男坊だったから行ったんじゃないかな」

山崎さんが後をつぐ。

「中川さんの親父さんは実業家肌で製材所とか手広くやってました」

清水村からコロール島っていうところへ行く船も作ったらしいですよ、清水丸って、と種子島生まれの奥様が補足してくれる。証言者はご主人だが、ご主人や親族から昔聞いた話をよく覚えているのは奥様の方、ということはしばしばある。中川さんの膝にはアルバムが開かれ、現地のパラオ人たちと並んで若き日の中川さんそっくりなお父さん、源之丞《げんのじょう》さんの姿が写っている。短パンに白シャツ姿の源之丞さんの隣には、仕事仲間だったのだろう、パラオの現地人たち。一人は立派な角をもった牛をひいている。彼らの微笑みと日焼けした筋肉質な身体がモノクロの写真の中で目を引いた。源之丞さんが船主となった「清水丸」はやがて沈んでしまったが、中川さんによれば船はコロールで作ったのだという。

「木材を川を流して波止場までやって（移動させて）、コロールって所に行って作ったと。ここは一番の都ね。そこに何でもかんでもあったと」

パラオの中心部コロール島には、南洋庁があり、ラジオ局も、郵便局も、中学校もあった。商人や、文化人、役人はほとんどがみなこの島にいた。一方移民たちが入植したのはその北にあるバベルダオブ島（パラオ本島）だ。南北に長いこの島に、清水村を含む日本人入植者の日本名を持つ村が四つあった。コロール島に暮らした日本人でパラオ人と交流を持った人は限られていたが、バベルダオブに暮らした移民たちは、親しい友人や親戚のような関係性を築いた人も多い。農業をする移民たちは、男はふんどし一丁で汗を流した人も多く、街に暮らす人たちよりも親近感を持たれたかもしれない。身体が弱かった中川さんは「海の近くで暮した方がいい」ということで、海辺のパラオ人の家に一時預けられていたというから驚く。日本人は山の中を切り拓き、パラオ人たちは主に海岸沿い、マングローブの茂みのあたりに住んでいた。パラオが親日国であることはしばしば強調されるが、その根っこにはこうした移民たちが築いた、いくつもの友好関係が土台としてあったと言えるだろう。

あったかい所に行って農業しよう

一方、樺太本斗生まれの山崎さんは、はんこ屋を営んでいた父が篆刻《てんこく》によって身体をこわしたという。

「胃が圧迫されて職業病のようになって。あったかい所に行って農業しようと思ったとき、亀田さんって兄弟が先に樺太から行かれて、そのつてで行ったと思います。小学六年生で渡って終戦まで七年足らずおりました」

樺太は日本人、ロシア人、アイヌなどが暮らす島だったが、一八七五年の樺太・千島交換条約によって、ロシア支配が決められた。その後、一九〇五年の日露戦争後のポーツマス条約によって、南樺太の日本の支配が決まり、樺太庁が置かれると炭鉱、林業、製紙業、漁業、農業など産業の発展とともに日本人の人口も増えていった。樺太引揚者の回想集などを読むと、旅館業、桶屋、下駄屋、冷凍会社工場長、靴の販売業など商売に携わった人も多かったことがわかる。山崎さん一家がパラオに向かった翌年の一九四〇年には樺太の日本人は四〇万人近くになっており、一九二〇年の一〇万人弱から四倍になっている。山崎さんが生まれた本斗は西海岸南部に面した地域で、日本人入植者も多い都市だった真岡《まおか》の南に位置する。終戦後、樺太はなお戦いが続き、ソ連軍からの逃亡の中で、自決や、子供や老人の置き去りなど悲劇が多く起こった。郵便電信局で一二名の電話交換手の女性のうち九名が自決した事件は「真岡の悲劇」としてよく知られている。山崎さんのお父さんが身体を悪くしてパラオ行きを考えなければ、一家はこの戦後の不運に巻き込まれていた可能性も高い。

樺太もまたアイヌやウィルタなどの先住民を除けば、移民の島だった。うまく定住する人もいれば、諦めて新天地に渡る人もいた。パラオのように日本の「外地」に渡った人もいれば、外国に渡った人もいた。南洋拓殖の第九回植民で樺太からブラジルに渡った土山五郎という人物は次のように述べている。

南米はほんとに良い處です。四方を見ても山又山です、然し一面に平地です。高山は見當りません、土は良く出來て居り何んでも出來ます。（中略）早く苦しむ人を助けて南米に送つて下さいまし、御願ひ致します。

（土山五郎の手紙『ブラジル移住者便り』拓務省拓務局、昭和九年）

空襲のあとは遺体を箸で集めて

山崎一家が渡ったパラオでの農業では、輸入した白菜や大根など寒冷地の野菜は全然育たず、瓜類が良くできた。加えてバナナやパパイヤなどの果物。できた農産物はリンゴ箱に入れてコロールへ船で出荷した。やがて国民学校を卒業した山崎さんは航空技術員養成所の通信科へ進み、卒業後は気象台で暗号無線の通信を行った。現在はコロールのパラオ国立博物館の隣にある、小さな図書館として使われている建物だ。戦争が始まると、海軍の軍属となり、無線に取り組んだ。コロール空襲では、爆撃を間近に受けた。生き埋めになりかけて首だけ地上にでるなど、何度も危機を潜り抜けた。

「空襲の後は、気象台の連中はみんな兵隊さんの遺体を全部手で集めたり、箸で集めたりして。全滅だったね」

中川少年は、戦争が始まると軍の伝令として一里の距離を走る日々だった。褒美に缶詰や米をもらえたという。

「だから結構よかった。でもネズミもムカデも食ったし、何でも食ったよ。兵隊さんも泥棒に来てサツマイモ持っていってかじったりしてた。たくさんおったよ」

兵隊も、移民たちも飢えとの戦いだった。爆撃を受けて家族に何人も犠牲者が出た家もあった。やがて、空襲が終わると落ち着いて自活できるようになる。

「自活になったらよう海行きましたよ。手榴弾がいっぱいあったから、バンブーのいかだで一人で行ってね。背にとげがあるような魚も獲れた。ぴょんぴょん貝って呼んでたのは、細長い巻き貝で、帽子にいれて岸にあがるんだけど、家に帰ると跳んでいなくなってるの。それからシャコガイってあるでしょ」

シャコガイは知っていた。大きな二枚貝だ。以前コロールのカトリック教会をたずねたとき、入り口わきに置かれていた聖水盤に小さなシャコガイの殻を用いていたのが印象的だった。それから、私は二〇一九年にパラオ大使館から依頼され、パラオ独立二五周年の記念誌作成のために、パラオのシャコガイ養殖に取り組むパラオ海面養殖実証センター（PMDC）を訪れたことがあった。前身のミクロネシア海洋養殖普及センター（MMDC）は一九七三年、信託統治領政府下ながら日本政府の資金協力で建設されている。日本のODA（政府開発援助）のプロジェクトの一つだ。訪問時も日本人の養殖専門家が派遣され、乱獲や食用によって絶滅に瀕したシャコガイの養殖に取り組んでいた。

「あれは獲りにいって、身だけ持って帰るんだけど大きいのが縮まってしまうと鍋一つくらいにしかならない。でもあれに足を挟まれて死ぬ人もおるの。でも絶滅危惧種でなかなか獲れなくなったから養殖やってる。戦争中日本の兵隊（が）いっぱい食っちゃったもの」

そうだったか、と思った。記念誌の執筆は結果的に、紙幅に余裕がなくほとんど事実をなぞることしかできなかったが、その中でシャコガイ養殖のＯＤＡにも触れた。読む人は日本の完全な善意として、そのプロジェクトを眺めるだろう。もちろん、戦後の乱獲もあったはずだ。それにしても日本兵がかつてそのシャコガイを「いっぱい食っちゃった」事実を、もはやほとんどの人が知らない。やはり太平洋中部の、日本が一時占領していたウェーク島では日本兵が島のウェークrouteクイナという鳥を食べつくし絶滅させた。戦争の影響というものは、人間同士の殺戮にとどまらないのだ。パラオのシャコガイも戦争が長引けば、同じような運命を辿っていたかもしれない。戦争被害の重み、とりわけよその土地で人命を奪い環境を破壊した事実の重みは、「あのときは仕方なかった」と開き直ったり、簡単に忘れられてよいものではない。食糧もろくに確保できないまま大量に人間を移動させ戦わせる。それが戦争のリアルであり、愚かしさなのだと未来の人々も省みられるように、過去の歴史は開かれていなければならない。

長いジャングル生活が終わり、昭和二一年二月に中川さんと山崎さんは引揚船で日本に到着する。

「（引揚船は）日本の駆逐艦だった。（甲板に）屋根作ってみんなごろ寝よ。浦賀着いて、夜になって朝起きたら屋根から棒がぶらさがっちょるわな。見たことねんだもの。おっかしいなーって思ったら、つららっつうもんだって言われて。北海道から南洋へ渡ったのは三歳、覚えてないから」と中川さん。北海道生まれの中川さんがつららを知らずに育ったとは不思議な気持ちになるが、思い出すのはサイパン生まれの菊池美和子さん（『南洋と私』で取材）も桜の花を見たことがなかったというエピソードだ。日本から飛んできた特攻兵らしき航空兵の青年たちから内地で折ってきた桜の枝をもらったことで、彼女は初めてその花を目にした。南洋で子供時代を過ごした人々は、教科書にでてくる桜もつららもわからなかった。大日本帝国はそれほどまでに版図を広げ、現地でも内地の教科書が使われていた。

「俺はアメリカの上陸用舟艇。全部溶接だったから、大波に乗るとキキキキって今にも折れそうだった。浦賀で初めてラジオの歌が聞こえたとき、町に流れてたのは『リンゴの唄』。それまで軍歌ばかりだったから、解放されたときの新鮮な歌やったね」と山崎さんが続ける。

戦争にまきこまれ苦労を重ねた人の多くが、この歌を聞いて希望を感じたといわれる一方で、それまで軍国主義に染まっていた人びとには、不安を持って受け止められたという。作家のなかにし礼は引揚船の船上で、死んだ父親の後を追おうとして船員に止められ、この歌を聞かせられ泣きながら一緒に歌ったといい、「残酷な歌」と表現している（永嶺重敏『「リンゴの唄」の真実　戦後初めての流行歌を追う』）。

洗面器は宝物

中川さんがふと立ち上がって、奥からアルミの洗面器を持ってきた。

「宝物出してきました。これは兵隊さんの」

ぼこぼこになって使い込まれている。戦争の後、誰もいなくなったパラオのジャングルの兵舎から持ってきて、鍋にも使ったという。

「これに大根切って、ご飯入れて。でんぷんかすも。捨てるのをもらって。何回も何回も。ザリガニも捕まえて」

兵隊たちの生活を支えた末、打ち捨てられていた洗面器が、中川さんの引き揚げ後の極貧生活を支えてくれた。そんな思いが、人が捨てるでんぷんかすを「何回も何回も」もらったという言い方や、「宝物」という言葉に表れていた。この洗面器を使った兵隊は戦争を生き延びただろうか。ふと思う。

「浦賀では先の天皇（昭和天皇）が来ましてご下問されて。余談ですが、終戦後天皇の悪口言っていた人が、ご下問された途端に感激しちゃって、ははは。それから千葉の習志野の練兵場に行ってそこに三か月ほどいまして、そこでパラオからの二〇家族ほどが種子島に移ることに決めて」

中川さんの奥様が補足であとを継ぐ。

「遠藤又兵衛さんが、東京の南洋庁に相談に行って、種子島に視察に来たんでしょう。それでみんなでここに行こうと決めたそうで」

「引き揚げた当時は屋久島と種子島が一番南で。南洋から帰った人が暖かくて砂糖がとれるというそういうキャッチフレーズに惹かれてきたんですけど、とにかく入植当時、山でしたからね。重機も何もないから、鍬《くわ》一本、のこ一丁でこつこつ」と山崎さん。北原尾の人たちは、鍬を作るところから始めた、という途方もない話を思い出す。

奥様が名前を出した遠藤又兵衛は『長谷開拓のあゆみ』で当時を回想している。

パラオ島から引揚げたが祖国にえん故のない人々が千葉県のならし野に集まったが、行先がきまらないまま日々をすごしていたが、どこかに定住地を見つけねばならないという焦りはあった。松尾太郎次さんが、その事で南洋庁の東京事務所にいったが、(東京事務所は外務省の中にあった)その時に種子島の事が話され、それではという事で、その視察に私と野沢貞斉さんが選ばれ種子島に渡る事になった。

(遠藤又兵衛「想い出すままに」『郷土誌　長谷開拓のあゆみ』)

遠藤は、若い夫婦に子供が生まれる時には、「やみ焼」といって軍隊の鉄兜を蒸留釜にし、芋から祝いのための酒を作ったことに触れている。中種子の原尾でも「ヤミ焼酎」は作られたようで、「桶の底に鉄兜を取り付けもの《ママ》で、大鍋の上にかぶせて鉄兜で冷えたアルコール分をパイプで取り出すもの」だったようだ(『原尾集落』)。ここでも、軍隊の武具が明日を生き延びる大切な生活の道具となっている。

悪い事とは知っても焼酎を炊いて、島間(*筆者注：長谷から数キロほどの港町)や野間(*中種子町の中心部)に売りにいった。ゴム枕にいれてカルイコ(*背負えるカゴでオイコとも言う)でかついでいったものだった。特に子供を沢山もった開拓者はそれしか方法がなかったのだ。

(『原尾集落』)

戦後は「闇市」に代表されるように、法を守っては暮らしていけない貧しさがあった。「どぶろく」も内地の様々なところでひそかに作られた。当時鹿児島県開拓増産隊の隊員として長谷開拓に携わった高域《ママ》良昭（＊資料内「高城」の誤記か）は次のように振り返る。

開墾どころか如何にして食糧を求めたかが先決で、開拓地の幹線農道工事を請負い前金を出して貰いその金を組合員に分配、甘藷、麦の購入をし上方部落の塩小屋をかりて荷車を五、六人の人力で悪路を引張って薪物を運び、塩を炊き、その塩を既成部落の人達に物々交換で甘藷、麦と変え、食糧としましたが、それも足らずツワブキ、竹の子、山芋、クサ木の葉、野イチゴ、グミの実、野生の食べられれ《ママ》ものはもとより、澱粉粕迄食し蛋白源としては、猫、犬、ネズミ、ヘビ、ムカデ迄食べて飢をしのぎ、今にして思えば良く生きのびたものだと思います。

（高城良昭「鹿児島県開拓増産隊の歩み」『郷土誌　長谷開拓のあゆみ』、以下『長谷開拓のあゆみ』）

パラオから種子島へ　ゼロからの開拓

それでも、入植した翌年の昭和二二年春には旧海軍分遣隊の兵舎をそのまま使用して長谷小学校として開校させている。「高域」はこの開校祝賀会でパラオ引揚者たちが「南方の土人踊り」を披露したことを覚えているという。パラオでは伝令をしてかわいがられていた中川さんは言う。

「ここに来てからが厳しかったよ。まずは早く出来るそばを蒔いて、それから野米（陸稲）を作って。から芋（さつまいも）はこっちでは、とったあとは、つるの先を摘んで」

「種子島ではパラオと違って、苗床したらそれを、次の年また植えなおさないと食べれない」と山崎さんが続ける。熱帯のパラオでは勝手に育った作物も、日本では手をかける必要がでてくる。から芋は台風被害の多い種子島にあって大切な食べ物だった。台風が来ると開拓者たちの掘立小屋は次々に倒壊し農作物の被害も甚大だった。

収穫前の陸稲は青畳を敷いたようになぎ倒され、刈り取ったばかりの掛け干ししてある稲葉も、倒れて芽吹くことがありました。只、呆然とみているほかはありません。その点、からいもは、蔓が這っていれば持ちこたえ、植え替えも出来、台風常襲地帯の農民にとって、正に命綱でした。

（『原尾集落』）

山崎さんによれば、中川さんや北海道から来た家族は「北海道式農耕」だったという。

「少し配給もあって、だんだんよくなって、今度は北海道行って土起こす鋤《すき》を買ってきて。

起こすのは起こしても、こんだ、砕くのはなんもなくなあ。なんとか筒に穴あけて四角いの作って、馬に引かせて」

と中川さん。種子島から鋤を買いに北海道に戻ったというのがすごいが、それだけ開拓のノウハウとしての農耕技術が確立されていた土地だったということなのだろう。『長谷開拓のあゆみ』に中川さんの兄、一二さんがこのころのことを書いている。

父は馬を手に入れ、北海道よりプラウハローカルチペ《ママ》ーター、その他の諸農具、馬具等を取り寄せ、馬力による農耕を行なった。これにより特に抜木耕起は威力を発起、開墾ははかどり、耕地面積は一挙に拡大していった。

（中川一二「長谷野（第一パラオ）の思い出」『長谷開拓のあゆみ』）

戦後の食糧難の中で、種子島のから芋は「こっぱ」と言われる干し芋になって、大きな町の消費需要をみたした。奥様が説明してくれる。

「さつまいもスライスして野原に干して。学校行く前に干して帰ってきたらかき集めて、あれで数年はだいぶ儲かったようです」

ゼロからの厳しい開拓は同じでも、温暖な気候が幸いして、さつまいものように収入に結び付くものがあったのは種子島の恵まれた点だったかもしれない。宮城の北原尾などは、やせた土地でとうとう農業でやっていくことを断念し、酪農に切り替えるまでに時間がかかったケースだった。

昭和二二年にできた長谷小に中川さんは通ったが、勉強らしい勉強をした印象は薄いようだ。

「学校に行きますっていっても、黒板でなくて、壁に書いて、雑巾で拭いたら、当分書けんから、あちこちに書いて。あとは毎日草取り。勉強なんかするもんか（笑）」

「兵舎を利用してるから、六年生の教室は下が水たまったところに床をはっていて、落っこちそうだった。車を洗う場所だったらしい。兵隊さんのコートとかもおいて行ったんだろう、背嚢《はいのう》があってそのおさがりに本を入れていた。ひもがいっぱいついたやつで、背嚢族って言われてね。引揚者はそんなのしかないから」と奥様が言う。背嚢族の言葉の冷たさはあれど、長谷小には引揚者の子供が多かった。多数派であれば、状況は大分違う。卑屈になることもなく、たくましく育ったのだろう。長谷小の設立委員だった山口博は「長谷小学校を卒業して、中平中学校へ進学した子どもは、男といわず、女といわず生徒会長になったことを覚えています」と回想している（山口博「暖かく入植者を迎えて」『長谷開拓のあゆみ』）。

入植して一六年目、ようやく電気が通る

長谷に残って農業を続けた次男の中川さんと異なり、長男だった山崎さんは内地で働く道を選んだ。戦後開拓事業は、戦前土地にあぶれて外地に出ることの多かった次男以下による開拓を支援していた。

寒冷地と比べれば、農業は軌道にのりやすかった種子島だが、問題は台風の多さだった。昭和二六年から三四年にかけて、四家族がブラジルやドミニカに転出しているが、年表を見ると「デラ台風　全壊二十戸（昭和二四年）」「グレイス台風　全壊十六　半壊二十四（昭和二五年）」「ケイト台風　全壊十三戸　半壊十四戸（昭和二六年）」「ルース台風　全壊五十七戸　半壊七十一戸（昭和二六年）」（『長谷開拓のあゆみ』）……と毎年のように厳しい被害が、家屋が頑強になっていったと思われる昭和三六年ごろまで続いていることが分かる。度重なる家屋の損壊、農作物の被害を乗り越えて、この地に根を下ろしたその強靭な精神力と努力は、やがて実を結ぶ。

長谷に電気の通ったのは昭和三六年。入植して一六年目のことだった。その八年後、南種子町に種子島宇宙センターが設立されている。

昭和六二年に「長谷小家庭教育学級」によって行われた人形劇「長谷の夜明け」のラストは次のように締めくくられる。

明治、大正、昭和と百年以上もかかって、木や草ばかりの長谷は、おじいさんや、おばあさん達の苦労に苦労を重ねた開拓のおかげで、現在のような、りっぱな緑の畑となりました。

そして今、私達の住む南種子町から、今年八月二十七日今回初めて国産技術で開発した試験衛星「きく五号」が打ち上げられました。私達の祖先の御苦労は、今、宇宙までもと実り、光り輝いています。私達は、おじいさんや、おばあさん達にはずかしくないようこれからも希望を持ち思いやりのある心で、永遠に長谷を築いていきましょう。

（『長谷開拓のあゆみ』）

大変教育的な内容だが、それでも「苦労に苦労を重ねた開拓」や「希望を持ち」といった言葉に、開拓世代の思いが重なってリアリティがある。宮本常一は、長谷や原尾に電気が通った翌年の昭和三七年、中種子町を二二年ぶりに訪れており、貧しい集落はまだあるものの、「今度いって見るとたいへん活気のあるところになっている」と記し、戦前の中種子との変化に注目した（『宮本常一著作集　第5巻　日本の離島　第2集』一九七〇年）。古くから作物に恵まれなかった厳しい土地に、引揚者たちが入って格闘した開拓地の成果は、他の集落とほとんどかわりない相貌となり現在に至っている。

お父さんの源之丞さんと瓜二つな博司さんのことを「どこ似てほしかったって言うから、お金もうけるとこよって私が言うわけ（笑）」と奥様の話す笑い話に、開拓地の穏やかになった戦後の日常が反映されているようにも感じた。

当然ながら開拓は、その土地の気候や特質に大きく左右される。その中で格闘を続けた元パラオ移民を起点に、それぞれの戦後のありようをもう少し辿っていきたい。

遊水地に拓いた未来

我孫子・**玉根康徳**さん

我孫子《あびこ》市在住の男性からフェイスブックを通じて連絡をもらったのは、五年前だった。拙著『南洋と私』と『あのころのパラオをさがして』を読んでくれた山田《やまだ》恒久《つねひさ》さんが「我孫子市にも、パラオから引き揚げて来られて、苦労された方々がいらっしゃいます」と教えてくれたのだ。これまで、戦後の開拓といえば、農地に不向きな土壌の、山や森に入って木の根や笹の根と格闘した、という開拓話を聞いていた。宮城の北原尾も宮崎の環野も、種子島の長谷・原尾もそうだ。しかし、我孫子は違った。正確には我孫子と北柏にまたがる地域にパラオからの引揚者たちが分かれて入植したのだが、彼らは山ではなく利根川の遊水地を畑や田んぼにして生活を切り拓いてきたのだ。

我孫子・柏周辺にはパラオからの開拓団のほかに日新開拓団という主に満州引揚者で山形出身の人々が入植している。北柏の根戸と、もうすこし利根川に近い布施にパラオ開拓団、天王台駅北部の柴崎に日新開拓団が入っている。パラオ団の人々は標準語を話せる一方で、日新団は山形弁であった。生活の足しにと開拓地の女性は行商にでかけたが、日新団の人々が都市部に出て行商を展開しなかったのも言葉の問題があったのではないかと言われている（谷川尚哉、相原正義「我孫子市久寺家周辺にみる利根川河川敷の変貌（2）」『中央学院大学社会システム研究所紀要』第六巻第一号、二〇〇五、以下「谷川・相原論文」）。

「あったかいところってこんなにいいところなんだ」

玉根《たまね》康徳《やすのり》さんは、二〇一八年の取材当時八二歳。昭和一〇年の生まれだ。玉根さんの祖父が二七歳のとき福島から北海道へ渡ったという。大正四年のことだ。玉根さんの父は三歳だった。

「祖父はなかなか仕事ができて功成り名遂げた。だから祖父は北海道を離れたくなかったんです。でも親父が俺はパラオに行くと言いだした」

当時の北海道にはブラジルへ行く人も多かったようで、玉根さんの父も最初はブラジル行きを考えていた。きっかけは昭和一二年盧溝橋事件によって日中戦争がはじまり、東南アジアあたりだろうか、「南のあったかい方」に派兵されたことだった。

「あったかいところってこんなにいいところなんだ、と味をしめて帰って来て、ブラジルに行きたいと言い出した」

父子の意見はすれ違ったが、最後は祖父が折れたという。しかし、昭和一六年に太平洋戦争が始まって、ブラジル行きは距離からしても無謀と思われた。

「パラオは、日本が拡大戦略を取って、軍隊の食べるものを作る人がいないから、農家の移住が奨励されていた。それにまんまと乗せられて。せっせと野菜作りました」

当時六歳だった玉根さんも、たくさん手伝いをしたのだろう。バベルダオブ島（パラオ本島）の大和村に暮らし、小学校に通った。島民との関係も良好だった。

「遊びに行っても大歓迎してくれるし、戦争が悲惨になるまではそうやってあたたかい状態でした。なにしろ戦争が激しくなってからは地獄でした」

朝日村は海まで近く、すきをみて食糧調達ができたというが、山の奥にあった大和村は食糧不足に悩まされた。

「父は防空壕を至るところに作って、奥のドラム缶に米を貯めて保管していた。他の家よりはお米を食べられていたけれど、誰か訪ねてくる気配がするとさっと隠す。それでサツマイモのつゆなどだけ食べて。それくらい食べ物は厳しかった」

二本あったドラム缶も一つは盗まれた。民間人も兵隊も食糧を探していた。祖父は家伝の日本刀を持ってサツマイモ畑を見回りに行き、盗みに来た人を切りつけることもあった。

「本当に食うか食われるかです。海軍の兵隊さんも次々栄養失調で死んでました。私も朝起きたら探すものは、ヘビ、ネズミ、トカゲ、バッタ、トンボ、あらゆるものを食べました」

玉根さんによれば、パラオでも竹槍持って戦争ごっこをやるのが男の子の普通の遊びだった。しかし玉根さんは嫌いだったという。誰も負けると言わなかったが、玉根さんは内心負けるだろうと思っていた。

「どうせ負けるなら早く負けてほしい、それが私の本音でした。だから戦争が終わったと聞いた時にはほっとしました。やっと終わったかと」

大和村には野戦病院があった。そこには栄養失調になったり負傷した兵士がかつぎこまれ日々死んでいった。平尾富士子さんのお父さんも、現地召集されてこの野戦病院で亡くなっている。飢えで亡くなったのは兵士ばかりではなく、民間人も弱い者から死んでいった。そういうものを身近な風景として見ていた玉根さんは戦争のリアルを捉えていた。

「食べ物がなくて、日に日にやせ衰えて、親しくしていたあの人が亡くなった、この人が亡くなった、それが戦争ですからね」

あらかじめ水害が見込まれた土地を開拓する

沢山の死を見送りながら、奇跡的に玉根家は八人全員が生きのびた。父親は「ここに骨を埋めるんだ」と言い張ったが、とうとう役人に説得されてアメリカの上陸用舟艇で帰国した。船底は鉄板で、そこに茣蓙《ござ》をひいた。昭和二一年一月末、出る時は暑かったが、一〇日ほどで着いた二月の浦賀は寒かった。

「北海道も福島も、帰って来るなら戻ってこいよとも言われたんですが、父はいまさらもう惨めなところを故郷にさらしたくないと。そういう誘いを全部断ってここに落ち着いた。当時利根川開拓の計画は成島勇《なるしまいさむ》という人の音頭取りで進められていたから、ここなら新しい土地が手に入るかもしれないということで」

成島は一八九一（明治二四）年千葉生まれで、東北帝国大学農学科を出て台湾製糖に入社、戦前、富勢《とみせ》村（現・柏市、我孫子市にまたがって存在した村）の村議会議員や千葉県議も務めた人物だ。農学の徒らしく、昭和八年に他の農学校の窮乏をさしおいて、山武農学校の演習林のために特別会計で土地が購入されたことに抗議の質問をしている（昭和八年『通常千葉県会議事速記録』）。昭和一三年には衆議院議員として帝国議会で「利根川遊水地工事速成ニ関スル建議案」も提出しており（『帝国議会衆議院公報　第73—74回』）、戦時中には我孫子の集落・布施で「報国農場」を主導した。戦中は銃後の食糧難、戦後もまた食糧難を打開しようと動いた人物らしい。富勢村が翼賛的であったとみなされ、一九四七年に公職追放となっており、戦後は反共主義を掲げる日本進歩党に一時身を置いている。利根川遊水地の開拓入植については、当面外堤防の工事に一日五円で従事するという条件がついていたようだ。この堤防が完成してはじめて遊水地といえる場所になった。

当初、玉根さんの祖父母と叔父叔母は宮崎の環野に行ったという。
「うちの親父とは考え方が違ってね、少しでもあったかいところがいいだろうと」
しかし、台風被害の大きさに閉口し、我孫子の開拓地に空きがあったのをみて合流した。大和村のメンバーの多くは宮城県北原尾に入植した。戦後一度だけ、我孫子から車四、五台で訪ねに行ったという。「小学校の頃、となり近所で遊んだ友達」との再会だった。

パラオからの引揚者が自分たちが戦後を生きる土地を決める時、夫を失って母子家庭となり親類の世話になる人もいたが、大抵はあたたかいところを目指した。それはパラオ移民の中に沖縄移民をのぞくと圧倒的に東北や北海道出身者が多く、あたたかさへのあこがれがあったことを意味しているのかもしれない。一方で玉根さんの父のように、故郷から呼ばれてもそれを振り切った人もいた。

我孫子市の開拓地は遊水地であった。増水した川の水を河川敷に溜めるための平地だ。今も大きな河川沿いには見られる、普段は少年たちが野球などをしている風景もよく目にするあの草はらだ。ここを田畑にするということは、増水時の被害は免れない。「遊水地の開墾は、洪水防止のための土地を耕地化するという矛盾を当初から持つことになった」と谷川らは指摘している（「谷川・相原論文」）。当時の建設省はあくまで遊水地としての使用を主張したが、農林省主導の国営開拓地として食糧増産の要請にこたえるしかない、終戦直後の状況があった。水害を免れ得ない地で、案の定玉根さんたちは度重なる被害と戦っていくこととなる。パラオ団の隣の日新開拓団にも、開拓当初は雪解け時に、必ず増水して水が入って来たこと、家畜の飼料も流されて家畜がみな痩せてしまい、売るにも売れなくなったという証言もある（「戦後利根遊水地開墾の人々　日新・パラオ開拓団の証言2」『我孫子市史研究16号』一九九八、以下『我孫子市史研究16号』）。雪解け時のみの増水なら対策のしようもあろうが、大雨はなかなか予測がつかない。

「群馬辺りの上の方で二〇〇ミリ、三〇〇ミリくらい降ったら、あ、こりゃ今年も駄目だなと肚決めました。そうすると、一昼夜二昼夜たってからこっちに（来る）。台風一過でこっちは青々しているところに水が入ってくる」

台風被害はこのような形で数日後に遊水地を襲った。

「夜な夜な泳いで行って穴をあける」

「これは部落の古老に聞いた話ですけど、夜に有志を募るんですよ。で、泳いで渡って、向こうの堤防に穴をあけるんです。これは事実あった話ですよ。生きるっていうことは、そういうことなんです。私らが来るよりずっと前の話です。提防も完全に完成していなかったから、そこを何人か有志を募って夜な夜な泳いで行って穴をあける」すごい話だ、と思った。「向こうの堤防」というのは対岸の茨城側である。少しでも水がそちらに流れるように穴をあける。「生きるっていうことは、そういうこと」という言葉に重みを感じる。自分たちに少しでも食糧をのこすための、生き残るための、コミュニティ内部の決断。同じようなことは今もあるはずだ。ただ見えにくくなった。自分たちが生き残る、という主体が企業になり、その目的が利益追求になったとき、もっと甚大な、もっと恐ろしいことが行われていたりする。対岸の堤防に穴をあける卑怯さと、見えにくい巨大な卑怯さ。両者は同質のもののように見えて、確実に異なる。

遊水地であるだけに、作物の被害は出ても、生活場所は少し離れたところにあり、初期の開拓小屋を台風で飛ばされた九州の開拓地と比べればまだよかったのかもしれない。入植当初の生活は、遊水地の葦や茅に大きく助けられた。それらは燃料となったが、薪とちがって瞬時に燃えてしまうため、子供たちがつきっきりで補給したという。開墾で掘り返した根っこも大事に燃料にした。台風のあと流れ着く流木は、長期間大事に使われたという。それでも大勢で使う五右衛門風呂は途中で湯量も減り、筑波颪《つくばおろし》に吹かれて風邪の原因にもなった。母体は栄養不足で母乳が不足し、一九四七年に南洋群島農友会の融資を受けてヤギを買ったことで解決したという。

玉根さんと引き合わせてくれた山田さんは二〇〇〇年ころ我孫子に引っ越してきたという。そのころ常磐線には行商に行く人たちがまだ沢山いた。千葉から都内へ。行商の光景は、終戦直後から二一世紀はじめまで細く続いていたのだ。女性たちは紺の風呂敷をしょったことから「カラス部隊」と言われた（大和田武士編著『手賀沼ブックレット№9　千葉の戦後70年　語り継ぐ戦争体験』二〇一六、以下『千葉の戦後70年』）。玉根さんは言う。

「うちの母親も行っていました。池袋あたりに行ったと。野菜とか米とか。米は統制品だから、警察が目を光らせていて。これも実際にあった話ですけど、いかにも米に見せて砂をいれて、開けてみろといわれて、そこでバサッと勢いよく開けたこともあったそうです。これ今日一日の仕事で東京行って仕事するんだと、どうしてくれる、とそういうことしたんですね」

警察が気まずそうに去ったあと、仲間内で笑い始める光景が見えるようだ。幼いいたずらではない。生きるための闇商売、その何が悪いのだという庶民の気概を感じるエピソードだと思う。

「ここへ来て小学校に入って痛感したのは、我々が貧しくて苦労しただけじゃない、みんな同じでしたね。それは同じでしたよ。こっちの本郷にいた人達もやっぱり大変だったと、何かの端々に目に留まりました」

本郷というのはまさに我孫子側が堤防に穴をあけに行ったという対岸の取手の集落だ。

開拓で入ったのではなくても、水辺の土地というのは古来貧しい者たちの場所であったということかもしれない。玉根さんたちは、背丈以上の葦の原野を切り拓き、田んぼの整地作業や農道作りに汗を流して土をいれたトロッコを押した。『千葉の戦後70年』には「ほおかむりして乾いた汗で顔に塩がふくほど頑張った」という玉根さんの証言が載っている。玉根さんより年長で、パラオから環野を経由して我孫子の遊水地の開拓に入った井原証之助さんは、この六年ほど続いたというトロッコ押しによる整地について、「低い所は田圃にして、畑は高くする訳ですがそんな仕事を共同で、今年はあんたの所、次は俺の所というふうにして、交代交代でみんなでやりました。共同で土を入れて、馬で運んで行って、箱の一ヵ所をちょっと外せばバンと引っ繰り返って、土が落ちる、ちょうど今のダンプと同じ方法」と述べている（『我孫子市史研究16号』）。低いところを田んぼにすれば、被害を軽減できる。そこで生き延びるために土地の形を変えながら、開拓団は遊水地に根付いていった。

二〇一九年一〇月、台風19号が遊水池を襲う

玉根さんは、やがて父親のやってきた農業のやり方に疑問を持つようになる。農薬と化学肥料でどんどん収量は増えたが、土地がすっかり痩せてしまった。

「畑がダメになっちゃったんです。だからね化学肥料、農薬、絶対にいけませんね。千葉県でエコ農業といってやってますけど、あれは気休めです。化学肥料、農薬を五〇パーセント以下に減らすということでやっている。百姓が本当に自立するためには、そういうもの使っちゃだめですね」

玉根さんによれば、ダメになってしまった土地も、三〜五年と農薬や化学肥料を断ち、有機肥料などに切り替えると、見違えるほどよくなるという。化学肥料なしでは育たない、というのは、土が力をすっかり失ってしまっているということだ。土の本来の力を借りてできるのがそもそも美味しい野菜ではないのか、という問いが玉根さんの中にある。加えて、「本当に自立するためには」という言葉からは、農薬や化学肥料を買い続けなければ続けられない農業の在り方への疑問も感じられる。しかし玉根さんは、少数者として農薬や化学肥料を批判する立場をとりながらも、従来の農業を続ける人々と生きていくことの大切さも知っている。

「有機農業やってる人っていうのは、自然環境を守るためにやっているんだという正義感の強い人ばっかりなんです。だからあちこちで裁判なんかも起こしましたけど、私が感じたのは自然環境だけじゃなくて、社会環境も同じくらい大事なんだと」

千葉県の堂本暁子知事のころに、玉根さんには苦い経験があった。有機農業に先駆的に取り組んできた玉根さんの存在を知っていた知事は、農薬散布について、「玉根さんの畑から二〇〇メートルの範囲内はヘリコプターで空中散布してはいけない」という通達を出した。これによって、村中火がついたような騒ぎになってしまい、隣の集落からも苦情が来たのだ。何も知らなかった玉根さんは、驚いた。そして「社会環境も同じくらい大事だ」と考えるようになった。意見の違いを超えて、同じ地域でどうやって共生していくのか、何をどのように伝え、譲り合ったり許し合ったりしていくのか、という重要なテーマがここにある。社会的な調和の大切さを語る玉根さんのまなざしはとても知的だった。玉根さんは「むそう塾」という市民農園を開いている。そこにはあえて「無農薬」とは書いていない。それでも口コミで、参加者が絶えないという。福島、北海道、パラオ、そして我孫子と続いた流転の一家の現在を、玉根さんがこのような形で実らせた、そのことにあらためて不思議な感慨を覚えた。

時代と共に堤防は数を増やし、改良され、遊水地の農作物被害は減りながら現在にいたっている。しかし、異常気象が騒がれる昨今はそれとて万全ではない。二〇一五年には常総市の鬼怒川の堤防が破れて被害がでたが、あそこが破れなければ鬼怒川と合流する利根川流域に被害がでていたはず、と玉根さんは見ている。

インタビューを終えて山田さんから連絡が入ったのは二〇一九年一〇月のことだった。台風19号で利根川の水が入り、遊水地の田畑がすべて水没したという。水深は二メートル以上、十数年前の氾濫もここまではひどくなかったらしいと状況を伝えてくれた。添えられた写真には、池のような水面にわずかに浮かぶ、玉根さんのビニールハウスの屋根部分と思われるものが赤丸で囲まれて示されていた。麦わらをかぶってポケットに両手を突っ込んだ玉根さんの後姿も写っていた。農業を生業とする人の、大きな自然の力を前にしたときの沈黙の意味を私は推し量ることしかできない。それでも、ふと玉根さんの後姿が、入植直後の水害に立ちつくす玉根さんのお父さんの後姿のようにも見えた。水面をみつめる玉根さんの視線の先にもまた、対岸に立ちつくす本郷の人々や、トロッコを押した幼少期の土の風景、パラオを発つ日の海の色が浮かんでいるのかもしれない、と思った。

ＰＴＳＤを呼び起こされる戦後

那覇・上原良二さん

二〇一八年七月に大学時代の恩師から打診をもらい、植民地文化学会で南洋からの引揚者についての発表の機会があった。このとき、発表後に本を渡してくれた高文研の編集者がいた。瑞慶山茂《ずけやましげる》編著『法廷で裁かれる南洋戦・フィリピン戦』の「訴状編」・「被害編」の二冊だった。移民数の最も多かった満州ほどには知られないが、南洋帰りの人のなかにもサイパン戦を生き延びた人や、内地への疎開船が攻撃を受けて家族を失った人、それによりPTSDに悩まされる人も多い。沖縄に引き揚げた人々の中で、南洋やフィリピンで受けた被害の聞き取りを行った瑞慶山弁護士が、裁判のために準備した記録でもあった。この中に何名かパラオからの引揚体験を語っている人がいた。

編集者経由で瑞慶山弁護士と連絡をとり、上原良二さんと阿良《あら》光雄さん両名の連絡先を教えてもらった。ご自身もパラオ生まれだという瑞慶山弁護士からは、「南洋戦・フィリピン戦の国賠訴訟の際に、寺尾さんの著書『南洋と私』を証拠として裁判所へ提出しておりました」とメールをいただいた。『南洋と私』はサイパンや沖縄、八丈島を取材し証言者を探して書いたものだが、沖縄で会った上運天研成《かみうんてんけんせい》さんが、詳細な手記を託してくれたおかげで、上運天家の見たサイパン戦とその被害を詳細に描くことができた。おそらく証拠の資料として使われたのはその部分だろう。

お二人に連絡はしたものの、コロナでなかなか取材機会を作れないまま、最初の上原さんの取材は二〇二二年になった。たまたま宿をとった沖縄ハーバービューホテルは老舗で、上原さんも馴染みがあるようだったのでそこの喫茶店ででもと思ったが、生憎コロナで使えない。近所に午前から開いている店もないようだったので、飲み物を用意してロビーの一角のソファーで話を伺うことにした。

渡名喜島からパラオへ　南洋へ活路を見出す漁師たち

上原さん一家は、昭和八年に渡名喜島《となきじま》からパラオに渡った。

「父は最初にきた時期は漁師の募集があって郷里で人を集めて、本土の水産会社の南興水産の一艘の船員をおやじが紹介して。直接船には乗らないで、南興水産の佃煮づくりをアラカベサン島の工場で一年して。それから肉屋としてコロールで独立して。沖縄出身で初めてだったと思います。家を三軒持っていた。コロール町一〇丁目、七丁目にも家があった。昭和九年に長姉が生まれ、一一年に次女、一三年に僕、一五年に妹、一七年に弟が出来た。人を雇ってカフェのようなものも開いた。戦争がなければね。一番印象に残ってたのは晩酌は必ずキリンビールだった。いつも飲んでた。沖縄来て初めてキリンビールみて、南洋でも飲んでたなと。（パラオにビールが）来ていたんだと。あのころ酒飲めたというのは相当金持ちだっただろう。みんな出稼ぎなんです。もうけて錦を飾る。沖縄では一〇〇〇円でかわらつきの家を作れた。パラオにもだいぶいい家を持っていた」

上原家の故郷の渡名喜島は、沖縄本島から五〇キロほど西に浮かぶ島だ。北の粟国島《あぐにじま》、西の久米島、南東の慶良間《けらま》諸島のトライアングルの真ん中あたりに位置する。渡名喜島は元来土地が狭小なため、歴史的に船で漁や交易に出かけることで生計を立ててきた島だった。島には困窮者や上納できないものがいれば、親類縁者で負担したり援助する美風があり、他の島では多発した身売りを食い止めたという。琉球では尾類《ジュリ》売りと言われた女子を女郎にして家計を助けることもこの島では聞かれなかった。盗みに対する刑罰なども簡素なもので、そのような事件自体が少なかっただろうということだ（『渡名喜村史　下巻』）。ジュリは地方によりズリともドゥリともいわれ、「女郎」の訛であろうと思われていたが、もとは「出（づ）る」という言葉に由来すると柳田国男が指摘している（柳田国男「尾類考」『沖縄文化叢説』昭和二二年）。女が村を出る、島を出る、といった状況から生まれた言葉なのだろう。しかし小さなコミュニティであった渡名喜島は、親類縁者のように助け合うことで、島を出る少女を生まなかった。

上原さん一家がパラオにやって来た昭和八年は、渡名喜の鰹漁師たちが命運をかけてこぞって故郷を離れた時期でもあった。大正末には漁獲のピークを迎えたものの、昭和二年の金融恐慌の影響を受けて組合が負債を抱え、漁獲高も落ち込んでいった。昭和五年には大暴風によって農産物価格も暴落し、鰹の価格も半値以下に暴落してしまった。昭和に入って漁獲高が減っていった背景には、どうやら沖縄県が無線施設を配備して鰹の魚群を県内の鰹船に知らせようとしたものの、各漁村にも漁船にもそれを受ける施設はなく、当時すでに無線を備えていた高知や鹿児島など他県の漁船に有利に働いてしまったのだという。

> 他県の大型船は冷凍施設をそなえ、餌のイワシを生箕《ママ》に満たし、釣り手が五十人もいて、沖縄の漁船が餌をとっている時刻、しかも鰹の最も食い付きのよい早朝には釣り上げをおえ、沖縄の鰹漁船が漁場に着く頃は一休みしているというありさまだった。
>
> （『渡名喜村史　下巻』）

県の行き当たりばったりな無策に対し、組合は調査のために南洋に数名を送り込み、パラオがもっとも漁場として充実しているということで、昭和七年三月からパラオのアラカベサンで操業が始まっている。パラオでの操業は順調で、島への送金も増えて、当時学費が月二〇円程度かかった中等学校への進学率が上がった。島には赤瓦の屋敷も増え、今もその名残が見られるという。
上原家に次々子供が生まれ、家も三軒も持てた、というところにパラオ水産業の活況が見えるようだし、そこからさらに肉屋や喫茶店と経営を広げた上原さんのお父さんはなかなかのやり手だったのだろう。当時サイパンやパラオでは「東京行進曲」（一九二九年公開の同題映画の主題歌）の替え歌が「南方出漁の歌」として流行ったという（『渡名喜村史上巻』）。

浮世恋しい昭和の時代
　好きなお金に迷いこむ
遠い南洋に儲けに立つも
　別れの悲しさ君思い
見送る人は浜辺にあふれ
　無事に帰れと激励す
儲けて帰るよ無事にて帰る
　達者で待っててちょうだいね

少年を狙うグラマン　台湾での収容所生活

　しかし昭和一九年三月、パラオに空襲がやってくる。五月ごろから民間船での帰国が慌ただしく始まった。上原家の子供たちと母親は八月中旬に船に乗り込む。父親は防衛隊としてパラオに残った。

「母は反対してたんです、帰るのを。途中でみなやられていくんです。僕らの船はマニラから出航してバブヤンアイランドのあたりで錨をおろして下船させられました。トンボ偵察機が旋回してきたから危ないということで、民間人を下ろそうという船長判断でした」

　このとき、気分の悪い人たちは六名船に残っていた。昼頃に下船した人々は草むらに隠れ、二時位に乾パンを食べた。夕方に攻撃があり、四時半ごろ船の有ったところに戻ろうとすると船が見えない。

「海岸沿いに遺体がごろごろ、乗組員も中に残った人たちも生き残った人はいなかったと思う。大量出血で。イルカやなにか寄ってきていた。その船長のおかげで僕らは助かった。その後日本の駆逐艦が来て、乗船して台湾の高雄に着きました」

　高雄では、牧草地のようなところに収容所が二棟あった。五日くらいするとマラリアなのかバタバタと人が倒れていく。医者がいないからわからなかった。一日二名亡くなると重ねて埋葬していた。年末には長女悦子もマラリアで亡くなる。母親は遺髪と爪を布にくるみ腹巻にしまった。

「当時はスベリヒユというのを湯がいて食べていた。姉たちが原っぱへ小枝を拾いにいっていたが、上の姉が高熱をだして亡くなった。亡くなって一週間たった時、水を姉さんを埋めてあるところに持っていった。野花を供えて帰ろうとしたとき、一気にグラマン戦闘機が一〇発くらい撃って来た。そこはレールが敷かれていて機関車が停まっていた。製糖工場の機関車のおかげで命拾いをした。カンカンと玉が当たる音がした」

医者もいない場所で、家族が死んでいく。残った子供たち、一番上は一〇歳の姉だった。上原さんは六歳だ。亡くなった姉に水と花を供えにいった男の子を狙って撃ってきたグラマン。動くものなら何でもよかったのだろう。命を奪いつくすゲームのような、無慈悲な戦争の愚かしさに怒りがこみ上げる。このときの恐怖のフラッシュバックに、後年苦しめられていることを上原さんは裁判でも証言している。昭和二〇年一一月には、お母さんもパラオ時代の防空壕づくりでできた足の傷がもとで亡くなってしまう。次姉ヨシ子が母の遺髪と爪を切り、長姉悦子のそれと一緒に腹巻にしまったという（瑞慶山茂『法廷で裁かれる南洋戦・フィリピン戦　被害編』、以下『被害編』）。

「あるとき弟仙行がいなくなった。見ると水牛に乗せられて行こうとしている。恐らく孤児だと思って連れて行こうとした台湾人だったのだろう。姉と二人で連れ戻した。そのうち、母のいとこにあたるハルおばさんが、病院船で先に台湾の美濃というところに着いていたのだけど、同じ渡名喜出身のフジさんと二人で迎えに来てくれた。なんでも『夢であなたたちのお母さんが出て来て、うちの子供たちを連れてってくれと言われた』と」

不思議な夢枕のおかげで上原さんと姉はハルおばさんに引き取られ、弟はフジおばさんの家に、妹は母のいとこの男性の家にと兄弟の行先が分かれた。会いに行くことはできなかったが、上原さんは預かってくれたおばさんの息子と毎日鮒やカエルを取って塩で干して食用にした。しかし、妹は栄養失調で、弟もマラリアで預けられた先で死んでしまった。預かった人たちも、不安定な極貧の中での暮らしだった。上原さんたちが渡名喜に戻れたのは昭和二一年一一月のことだった。戦後も船がなく、台湾で足止めを喰らった上原さんたちよりも先に、お父さんは渡名喜に戻っていた。

「一〇月三一日に台湾を発って、一日に沖縄本島に着いた。僕ら離島ですから、渡名喜についたのは一一月三日でした。明治節で明治天皇が生まれた日だった。お父さんは久米島にイカ釣りに行っていた。お父さんたち帰ってきたよって港で言われて。〝二人しか帰ってこない〟と父は言った」

目の前に現れた二人の子供たちの帰還は、妻とあと三人の子の不在を意味した。乾いた声色が耳に聞こえるようだった。ところが、なんと上原さんのお父さんにはもともと渡名喜に妻子がいたのだった。つまり、上原さんたちはお父さんにとってはパラオでの家庭であり、子供だった。

「腹違いの兄はすなおさんといって、昭和二年生まれだけど那覇商業四年の時に徴兵されて戦闘の中、壕で亡くなった」

渡名喜の正妻であった女性は戦争で一人息子を亡くしていた。そして、夫がパラオでもうけ、生き延びた二人の子を分け隔てなく育てたのだという。なんとも不思議なめぐりあわせだが、当時の外地に出て行った「お父さん」たちは意外と普通に第二の家庭を築いていたようにも思える。宮崎の環野の久保松雄さんもお母さんが日本人妻として久保さんを連れてパラオへ嫁いだが、相手はそれ以前にはパラオ人の妻がおり異母兄弟が今もパラオにいると言っていたのを思い出す。社会学者の野入直美は『宜野座村誌』に見られる「セレベスで召集されて以来、現地でも一度も妻子と会っておりません。便りもないままに今日に至っています。ただ現地に残した妻子の幸せを、この地から祈るだけです」という証言をとりあげて、「他の市町村史の『戦争体験』にも『移民史』にも、類を見ないものである。旧植民地・占領地における『現地妻』と『混血児』の存在は、他の地域史編纂の現場において、敢えて訊ねられず語られることもない暗黙知であり続けてきた」と指摘している(「沖縄引揚者の「外地」経験―市町村史の体験記録を中心に―」『移民研究』第九号、二〇一三)。民俗学的な分野でいえば、かつて存在した「間引き」の風習が地域史の中では決して言及されないが、同様に多くの自治体で、慎重に削除されてきたトピックなのかもしれない。

以前、章の冒頭で述べた「植民地文化学会」で南洋からの引揚者について拙い発表をした時にパラオ人の混血の残留孤児について言及すると、満州研究の方から驚かれたことがある。戦後日本で「残留孤児」がクローズアップされてきたのは圧倒的に中国であった。それは、終戦直後辛酸をなめ、幼子を諦めるしかなかった満州移民の全体数が多かったことの反映でもある。下記は札幌の平尾富士子さんから聞いたパラオの残留孤児「キミコさん」についての記述である。

「満洲」などに比べると数としては少なく、長らく注目されてこなかったが、日本人の父母を持ちながら、パラオの家庭に預けられたケースもあった。一九四四年生まれのホセイ・キミコは二〇歳のとき、自らが日本人であることを教えられ、その後日本人観光客に会うたびに自分の母親を探してほしいと頼んでいた。その甲斐あって、「北海道・パラオ友好協会」の協力を受け二〇〇五年に来日、小樽にいた実兄と再会を果たしている。キミコの隣家に住んでいた平尾富士子は、キミコの来日の際も交流したが、「パラオの人は家族ってものをすごく大事にしたのね、だから自分の子供を捨ててくる親の気持ちがわからないって」と来日は果たしたものの複雑な思いを抱くキミコの心境を説明している。平尾によれば、キミコの母は「置き屋の仕事」で、通信兵であった父を慕ってパラオまで追って来たのだ、と聞いたという（二〇一八年四月直話)。キミコは再来日を希望したが、「中国残留邦人等帰国促進・自立支援法」が南洋孤児を想定しておらず、適用困難だとの厚生省の説明を受け、札幌の友好会有志らの募金で、二〇一〇年に再来日を果たした。

(寺尾紗穂「南洋群島からの引き揚げ者　移民の戦後経験を中心に」『植民地文化研究』第18号)

教師をめざした戦後　ハンデの大きい離島からの進学

ともあれ、上原さんは日本人現地妻の子として、戦後、継母と良好な関係のもと、中学までを渡名喜で過ごした。渡名喜での暮らしは、おじいさんが牛を育てて年に一度売る収入と、とってきたタコを売ることで成り立っていた。

「蛸とってきて売って来なさいって、これがもう恥ずかしくて(笑)。それ売れないときは燻製にして。燻製食べたことないでしょ? 蛸の燻製とってもおいしい。鰹と変わらん出汁(のうまさ)が。燻製にしたら」

おじいさんの育てる家畜の糞を使って堆肥も作った。

「僕は草刈り(笑)。学校帰ってきたらすぐ草刈り。枯草入れて、ぐちゅぐちゅしてそれを適当に積んで発酵させる」

それらを使ってスイカなどを育てることでなんとか暮らせたという。高校は糸満高校の寮に入った。当時離島からの生徒で進学したい者は沖縄本島の学校で寮生活だった。同じ寮では南大東島出身者が多かったという。

「当時はね、役場職員の子供、教員の子供しか、進学めったになかった。三〇パーセント。一〇人いたら三人しか受験しなかった」

離島出身者は参考書や辞書なども手に入らず、ハンデが大きかった。先輩に糸満の書店で注文してもらったものを送ってもらって勉強したが、高校に入るのに二浪したという。ようやく入った糸満高校時代は、寮の食事がひどかった。

「カレー、肉汁は月に一回。あとはもやしの味噌汁、ごはんとラードでした。これで軍票B円で月に五〇〇円」

B円というのは米軍統治下での沖縄での通貨だった。A円は米軍統治下の韓国で使われた通貨なのだという。一九六〇年代前半、米軍基地労働者たちの間では「賃金上げろ、首をきるな」というストライキが行われていた。糸満高校の上原さんたち寮生たちもこれに参加したという。いわゆる「全軍運動（全軍労闘争）」、全沖縄軍労働組合連合会（全軍労）の労働運動だった。沖縄人の賃金は戦後一五年たっても低く据え置かれ、米国人の十分の一、内地からの基地建設労働者と比べても四分の一だったという（與那覇栄蔵「米軍という絶対的な権力との対峙」『情報労連ウェブ』二〇二二年五月一三日）。食糧全般が不足気味だった時代とはいえ、育ち盛りのたんぱく質をラードのみで補うという発想自体が、家畜に餌を与えるかのような感覚にも思われて、気分が悪くなる。

高校を出た後、上原さんは「ゲンキ乳業（八重山ゲンキ乳業）」でヤクルトの営業販売の仕事をしたり、漁師をしたりし、数年後、小学校の教員を目指して琉球大学の教育学部に入る。亡くなった異母兄のすなおさんは那覇商業で学んでいた。戦争がなければ銀行マンか商社マンになっただろうという。教員を目指したのは何か良い先生との出会いがあったのですか、と質問すると、上原さんは「私の継母さんが勧めた。自分が進学できる余裕などなかったはずなのに」と答えた。短い言葉から進学をすすめてくれた継母への感謝が伝わってきた。


一九七六年上原さんは、台湾を再訪する。母親と弟妹たちが眠る土地だ。

「父と姉と三人で行ったんです。そしたら現場はそのままだった。墓地も手を付けてなかった。レールもそのまま。沢山の人が埋められていたから、石ころだけ拾って、タクシーのドアあけてね、一緒に沖縄帰るよーって言ってね。帰ってきました。収容所跡も残っていた」

骨が掘り出せない、沖縄に連れて帰れない、と泣くのではなく「一緒に沖縄帰るよー」と、小石を拾ってタクシーから声をかける。内地の人のしめっぽさとは違う、目に見えないものをあたりまえに存在するものとして呼び掛ける、その自然体に心打たれるものがある。

それでも、戦争の傷はたしかにある。経験を語り継ごうと、上原さんは糸満や新潟の小学校に出向き、体験の語り部としての活動も続けている。

「名護にある基地の見学に五年生を連れて行ったときがあったんだけど、機関銃の音がすると本当に恐怖で体が動かなくなってしまう、PTSDっていうかね」

沖縄は地上戦が繰り広げられた戦争の記憶が色濃く残る土地だ。移民が多くそれぞれに外地でも恐ろしい経験を経てきた人が多い。そこにいまだ基地がありつづけることの残酷さを思う。いくつものPTSD、それぞれの恐怖と悲しみを呼び起こしながら、沖縄の今日は、戦闘機の騒音や銃声と共に、今もあるのだ。

死亡も補償も認められない

一六歳の兄の戦死

那覇・**阿良光雄**さん

上原良二さんのお話を聞いた六か月後、阿良光雄さんのお話を聞きに再び那覇へ向かった。会う場所を電話で相談すると、「ハーバービューホテルの喫茶店で」と指定があった。やはり沖縄の一定以上の年齢の人々にとってこのホテルは、馴染み深い思い入れのある場所のようだった。一九五二年に開業したアメリカ人の会員制社交クラブ「ハーバービュークラブ」が前身のこのホテルは一九七五年から全日空系のホテルとなり、天皇の宿泊したことでも有名になった。年始以降、コロナ感染の落ち着いていた二〇二二年の七月上旬、ホテルの喫茶店も普通に営業していたので、少し早めに着くと、すでに阿良さんらしき人が窓際に座っているのが見えた。

阿良さんは上原さんと同い年、昭和一三年のパラオ生まれだ。

「昭和七年に父が義兄と一緒に与那国からパラオへ行きました。結婚して行ったんです。そして向こうで、西銘《にしめ》順石《じゆんせき》さんのかつおぶし製造工場の工場長をやって。南洋でいちばんおっきな。鰹が漁船一〇隻くらい載ってたってね、有名ですよ」

阿良さんのお母さんの姉が西銘家に嫁いでいた。西銘家を大きく盛り立てた西銘順石は、明治二八年久高島生まれ。「沖縄縣下の鰹漁業の振興には偉大な貢献を為した一員である」と紹介されており（海外研究所編『現代沖縄県人名鑑』一九三八年）、与那国の東に九〇キロ以上離れた、西表《いりおもて》と石垣の間に浮かぶ小島、小浜島《こはまじま》で鰹節工場を営んでいたと孫の恒三郎（元岸田内閣復興大臣〈二〇二一～二〇二二〉）が回想している（西銘恒三郎ブログ）。「西銘順治あたりはみんな親父は儲けて、内地の大学に出してあるさ」（前泊功さん「休みはしない、時化のときに休むだけ」森亜紀子編『日本統治下南洋群島に暮らした沖縄移民』）という証言があるように、西銘家の子孫たちは順石の築財を反映するかのように、多く政界に進出もしている。

当時与那国には発田鰹節製造工場があった。大正一〇年ごろ宮崎から渡った発田貞彦が始めた工場で、冷凍庫、水道、与那国で唯一のモーター用発電機を持っており、電気の照明で深夜まで操業していたという。船名はすべて「日向丸〇号」で「発田工場の煙突は南九州で一番高い」ともいわれた。この工場の存在によって、与那国は昭和一一年には日本一の鰹生産地となる（宮城政八郎『与那国物語』）。それだけ沢山の鰹節は、内地に渡ったのではなかった。与那国民俗資料館を自宅に開設した池間苗は「日本の植民地となった隣の台湾は、与那国島にとりましては出稼ぎの場であり、またカジキ・マグロ・鰹節、それに主婦達内職の養豚を受け入れてくれる大市場でもありました。（中略）当時本土よりの手紙は、宛書きを台湾基隆郵便局経由与那国村と書きますと、早く着きました」と回想している（池間苗編『与那国郵便局創立七十周年　与那国郵便局と父の生涯』）。

当時の与那国は台湾へ出稼ぎに行った人々の送金で潤い、日本銀行券より台湾銀行券が力があった。年頃の女たちは、台湾へ行くことに憧れ、戻ってくるとあか抜けたので「台湾さがり」ともてはやされたという。漁民たちは早朝、与那国の久部良港を出ると、夕方は台湾の蘇澳《そおう》港で魚を下ろし、晩に蘇澳港を出発、再び漁をして久部良に戻って来たという（『与那国島町史　第三巻　歴史編』）。帝国日本が植民地台湾を手にしたことで、与那国という辺境の島は、もはや辺境ではなくなった。拡張した帝国の中で、大きな都市を抱える台湾という市場を手にしたのだ。

かつて薩摩藩が琉球王府へもとめた税の取り立てが過酷だったため、そのしわ寄せは人頭税として琉球の各島にのしかかった。与那国では、人口を減らそうと障がい者が田んぼに集められて殺されたり、妊婦が五、六メートルはある崖の割れ目を跳ばされる過酷な風習が生まれたとされる。後者は地名の「久部良」を取った「クブラバリ」と呼ばれる伝説だ。縁あって、二〇二一年にはオランダのアーティスト、シャルロット・デュマが与那国馬をテーマに作った映像『Ａｏ』に音楽を提供する機会があったが、その作品も「クブラバリ」の過去を踏まえて作られていた。まさか、そのような地に台湾銀行券が溢れて活況を呈した時代があったとは、調べなければ全く知らないことだった。

美山丸と共に沈んだ　赤ちゃんも吹っ飛んだ

上原さんの故郷、渡名喜島の漁民たちが、年々減少した漁獲量に危機感を持ってパラオ進出したとすれば、与那国の西銘順石はもともと経営の手腕を持っており、さらなる事業拡大を狙ったといえる。昭和七年パラオに西銘水産工場を作った。ここに、与那国の発田鰹節工場で働いていた阿良さんの父も工場長として赴任し、昭和一三年には阿良さんがパラオのマラカルで誕生する。阿良さんはコロールの国民小学校付属幼稚園までバスで通った。昭和一九年、パラオ空襲がやってくるのは上原さんと同じだ。五月一三日に船で出発するまでは壕に避難し食事も用意されて三食困らなかった。長兄と次兄と父親はパラオに残り、母親と三男、四男だった阿良さんと五男、長女と妹の五人の子供たちが美山丸に乗船した。

「当時フィリピン海峡は激戦で、翌日一四日にはやられたんです。最初の船で、姉が亡くなり、魚雷でね。首にあたって。もう動けないからって。一分一秒一刻を争うから、もう海岸の方から早く上がってこないとボート出るからって、こんな非常事態でね、俺はどうしても姉を連れていきたいわけですよ。でも動けなくて、別れの挨拶だけしてね、早く！出なさい！って言ってね、姉も。そして別れてね……」

『被害編』には「姉は振り絞る声で『私はもう無理、自分を置いて早くここを出るように』と、私たちに促しました。姉の声は徐々に小さくなっていきました」と書かれている。海は真っ赤に染まり、多数の死体が浮いている中、救助船に乗り移った一家は、傷ついた姉が残されたまま沈んでいく船を見送るしかなかった。次の船はジョクジャ丸で、亡くなった人々の慰霊が行われたが、この船も明け方にはやられたという。

「五月でも南洋だから暑くて、おふくろがあんまり暑いもんだから、甲板にあがって涼しい所で五男にお乳をやっていた。そこに魚雷がきて、爆風で抱っこしてた弟が吹っ飛んでしまって。僕らもおふくろがいないから上に上がってきてみたら、爆風で左足がやられてる。もう動けないわけです、つぶれてしまって。赤ちゃんも吹っ飛んでしまったと泣いて。自分ではもう歩けないからここに残る、と言ったけど六歳だった僕と八歳くらいだった三男が二人でね、両脇に抱えて。嫌、というのをね。船に移して救助されて」

どのような状況だろうか。弟が爆発で吹っ飛び、泣きながら左足がつぶれている母親を六歳と八歳が抱えている。命を繋いだが、前日に娘を泣く泣く沈む船に見捨て、今また幼子を自分の腕から吹っ飛ばされて亡くした母親の、「ここに残る」と言った気持ちは想像を絶する。阿良さんは淡々と語った。瑞慶山弁護士に何度も語り、法廷でも語ったことかもしれない。

一九四三（昭和一八）年コロール生まれの瑞慶山弁護士も、一歳の時沖縄へ戻る船が攻撃を受けた。母親に抱かれて海を漂った瑞慶山さんは助かり、三歳の姉は水死している。瑞慶山さんは二〇一二年に南洋戦訴訟の弁護団長となり、南洋戦の被害者や遺族一人当たり一一〇〇万円と謝罪を求めて那覇地裁に提訴している。軍人・軍属は一生涯、恩給の対象となったが、戦争は国民全体で耐えなければならないという「戦争被害受忍論」が持ち出され、民間人死者・被害者には一円たりとも払われることがなかった。これは東京大空襲などの訴訟に対しても持ち出されてきた論理で、多くの民間人犠牲者とその家族の心は浮かばれない。瑞慶山さんは「無念のうちに南海に散った人びとの霊を弔い、自らの人間回復のため、人生〝最後〟の思いを込めてこの裁判を起こしました」と語っている（栗原俊雄「南の島で家族奪われ苦しみ今も　南洋戦を生き抜いた人たちの国に問う戦い」Yahoo! ニュースオリジナル特集記事、二〇一九年八月一三日配信）。

阿良さんの負傷したお母さんは、セブ島の日本陸軍病院に入ることが出来た。二か月はかかったが、退院するときには松葉杖で歩けるようになり、高雄行きの船に乗ることができた。戦後も走ることはできなかったが、普通の生活はなんとか送ることはできた。高雄から基隆に移り、そこから与那国行きの船に乗った。台湾に長くとどめおかれた上原家と異なり、阿良家は母親の負傷した五月一五日から二か月ほどで、与那国に戻れている。一九四四年七月、与那国では青年団が竹やり訓練をしていた。

「僕らは戦争の中、（米国の）飛び道具を見て来てるからね。これは勝ちませんよって家族で笑って（笑）。真面目にやってる子もいる。飛行機はよくやってきたから、家の裏のガマ（洞窟）に避難してね。与那国には大人二人半でやっと抱えられるくらいの煙突があった。発田の鰹節工場のです。それめがけて、軍事工場だとおもったんでしょう、そこだけ狙って。その他の民間には攻撃はなかったね」

台湾との商売で栄えていたとはいえ、阿良さんが生まれたコロールと比べると、与那国の発展具合は遠く及ばず、目立つ建物も南九州一の鰹節工場の煙突くらいしかなかった。唯一目立つ工場の存在が与那国を守ったとも言えるかもしれない。それにしても気になるのは、高雄で二年も過酷な生活を送り、家族の犠牲を増やさなければならなかった上原さんと、高雄からすぐに基隆に移って与那国に戻れた阿良さんたちのケースの違いだ。高雄に到着したのは一九四四年の七月（阿良家）と八月（上原家）という似たような時期なのに、これだけ命運が分かれたのは何故だろう。

「上原さんのとこは沖縄本島（を経由して）戻るから。与那国はすぐ目の前。その関係があるかもしれない。本島は激戦区だから。そこで差が出た」

沖縄戦が始まったのは、一九四五年三月二六日とされるが、すでにそれ以前から船の航行が危険と隣り合わせのものになっていたのは、民間人の強制疎開で南洋を発った船が次々にやられていることからも想像がつくだろう。さらに、沖縄戦が始まってしまえば、戦時に民間船が徴用されてしまう例も多く、操業は困難であっただろう。対して、台湾と目と鼻の先の与那国行きは、沖縄本島も遠く、乗船時間も短く、比較的安全な運航が可能だったということなのだろう。しかし、終戦以後の状況はそれぞれどのようなものになっていたのだろうか。当時、与那国は終戦直後から「密貿易」となった台湾—琉球列島間の私貿易の一大拠点であり、宮古・八重山諸島への非公式の引揚ルートの中継地点でもあったとされる。これは宮古や台湾の警備が厳重でなかったことに加え、米軍がそういった八重山諸島周辺への非公式の引揚を黙認していたからであるという。「逆にいえば、地上戦が行われ、その後は軍事基地の建設作業が進行中の沖縄本島には、民間の引揚者だけでなく日本軍に徴兵されていた沖縄県出身者の帰還さえ許されなかった」（松田ヒロ子「植民地台湾から米軍統治下沖縄への『帰還』」『文化人類学』80巻第四号、二〇一六年）。戦がようやく終わって始まったのは米軍基地建設であり、それが本島への引揚の進捗に影を落としていた。本島の西わずか五〇キロに位置し、ルート的に本島を経由せざるを得ない渡名喜島の場合、引揚者の帰還が遅れたのは必然であったのだ。また中村春菜は「沖縄本島への沖縄人引揚げ者の受入れを要請するマッカーサーに対し、軍政府長官のニミッツは沖縄本島の食料と住居不足を理由に拒否し続けた」というGHQの命令に反した軍政府の意向があったと指摘している（『沖縄文化』一一八号）。それほど本島が惨憺たる状況であったことが想像される。

台湾在留日本人の第一次引揚が始まったのは、一九四六年二月だった。上原家は一九四六年一〇月から始まった第二次帰還事業でようやく沖縄に戻ることができたと思われる。同じパラオから沖縄へ戻るケースでも、どこの島に戻るかによって明暗が大きく分かれた。

銀行マンとしての戦後　一六歳で戦死した兄

与那国で敗戦を迎えた阿良さんは、ようやく小学生となることができた。長兄と父親も与那国に戻ってきた。その後中学を出て、那覇の西銘家の世話になりながら那覇商業に通った。そのころ西銘家に生まれた恒三郎という赤ん坊の世話も手伝ったが、その子は政治家になり、岸田内閣の復興大臣も務めた。阿良さんは琉球銀行に就職、故郷与那国で八重山支店の支店長になったことも、コザ支店長をつとめたこともある。

「仕事はアメリカ式だった。復帰前、琉球銀行の株はアメリカが半分持って、トップもアメリカが任命していた」

琉球銀行は一九四八年、米国軍政府布令にもとづく特殊銀行として設立されている。一九七二年の本土復帰によって普通銀行として出発した。阿良さんは、八重山支店時代に庶務の仕事にも関わり、社宅の古いところなどを奥様連に伺って会社のお金で補修をきちんと行ったため、地道な働きが認められ評価を得たという。

「与えられたものをこれだけやっておけばいいということではなくて、自分のポストに関わる仕事はまた他にないか?って、こういう発想がね、あれが僕の将来に大きく繋がってきた。銀行に高校卒業して入った人がね、一流大学を出た人を追い越す。僕が追い越して上司になるとかね。だからあの原点はね、僕がこれだけ仕事中心に頑張れてるのはね、仕事は結果次第、アメリカ式だったから。アメリカ式はもう学歴でなくて実力主義だから。そういうね、また頭取もそういう考え方だから」

阿良さんが那覇商業を卒業して琉球銀行に入社したころ、上原さんは賃上げ要求の全軍労闘争のストのデモに参加していた。アメリカ式の銀行は実力次第で沖縄人であっても出世への道が開かれていた。その一方で、基地の末端で働く人間たちにはまっとうな賃金が支払われていなかった。上原さんは結果的に教員になるが、阿良さんと上原さん、同い年のパラオ帰還者が向き合った戦後の歩みにはアメリカの二つの側面がうかがえて興味深い。

内地では引揚者への援護活動が展開されたが、沖縄においては引揚者という区分は設けられず、総ての人に対して土地の再分配などの援護措置がとられた。大原朋子はこれについて次のように述べている。

GHQの援護方針自体が、生活困窮者全般に対する施策を趣旨としており、引揚者であるからといって特別扱いしないというものであったが、そもそも戦後沖縄では住民全体が難民化していたが故に、全住民に対する公平な無償配給を旨とする「島ぐるみ救済」が必要とされるような社会状況があった。（中略）土地割当によって、故郷沖縄に土地を持たない多くの引揚者たちが一時的ではあるが自作可能な土地を持つことができたのである。そしてこの農地を足がかりに、引揚者たちは戦後の生活を立て直していくことになったと考えられる。

（大原朋子「戦後沖縄社会と南洋群島引揚者─引揚者団体活動に注目して─」『移民研究』第六号）

ほとんど、みながゼロからのスタートだった。それは地方によって戦災らしい戦災を経験しなかった人もいた内地との大きな差異であろう。

阿良さんには戦後も気になり続けたことがあった。一六歳だった次兄はパラオからペリリューへ送られ戦地で亡くなっている。このお兄さんについて、軍属は一七歳以上とされ、一切の補償がない。軍属の年齢の勝手な引き下げは、おなじように沖縄戦でも起きていた。瑞慶山弁護士は次の様に記す。

当時の召集状況はまことに問答無用に実行され異様・異常なものであった。さらに米軍上陸後は一部の防衛召集が南部の駐屯部隊長の直接命令により満16歳以上満50歳まで年齢を拡げて行った違法な事実がある。

阿良さんは瑞慶山弁護士の主導した裁判に加わる。

「僕は裁判にも意見陳述のところで指摘しました。現地で徴集していて、人が足りないから上に要請したら、現地で対応しろということになったようだ。それで一六歳まで例外的に徴兵された。図書館で調べたら出てきたんだ。戦後すぐの手続きで補償を受けられる可能性もあった。都市部の人などは遺族会を作って申請したようだけど、ぼくらはしようとしたときには遅かった。アンタは手続きするの遅かった、って言われて」

民間人が広く戦争被害を被った沖縄本島と、鰹節工場以外には大した被害のなかった与那国では、情報の行き渡り方にも違いがあったかもしれない。戦後、与那国にいた阿良さんの両親は、失くした子供たちの援護手続きをしようと昭和四〇年に那覇に転居するが、すでにタイミングを失しており、琉球政府援護課でも「証人を連れてきなさい」という杓子定規な対応しか受けられなかった。いずれにせよ、一六歳で徴集された次兄は実質的に軍属であったにもかかわらず、知られざる戦闘員として補償の対象からいまだに外されている。「準軍属」の適用範囲が徐々に広くなり、一九八一年には六歳未満の児童の犠牲でさえ「戦闘参加者」とカウントされるようになっていることを考えると、どこまでも理不尽な話である。

「おふくろは親父より一歳年上、二人とも明治生まれでしたが、二人とも八一歳で亡くなりました。七人兄弟でしたけど、もう僕だけです。兄弟の分まで長生きせんと」

ペリリューで死んだお兄さん、最初の船に置き去りにせざるを得なかったお姉さんと、次の船で吹き飛ばされた幼い弟の命のことだろう。戦後安定した職を得て充実した自身の人生を振り返るとき、彼らの早すぎる死が思われるのは当然だろう。阿良さんが那覇商業に通った那覇、上原さんが高校時代を送った糸満も激戦を経た土地だった。

山容改まったこの古里を眺めるとき新たなる涙が今日も亦湧き出づる。最愛なるわが両親を失い、何時迄降りしきるかわからない弾の雨から泣き喚く子を背なに飢餓の中から、辛うじて生きのびた私たちはある者は生涯の不具の身となり、ある者は前身醜にくい火傷を受けながらも無から有を生むために、ここ迄苦難の道を歩み続けてきたのだ、たとえ肉親の骨は拾われ祭られても、野や山に染みた赤い血潮は、未来永劫拭い去る事はできまい。

(糸満町一家族　玉城二郎「沖縄地域における一般戦争犠牲者を援護せよ」
『援護のあゆみ』琉球政府社会局一九五八年)

しみ込んだ血を土地は忘れない。一篇の詩のような強烈な訴えである。しかし、また阿良さんも、上原さんも、他の移民たちの多くも、南洋で、あるいはそこからの途上で家族を奪われた。バンザイ・クリフで知られるサイパン玉砕でも沖縄人が多く死んだ。沖縄は移民の島である。海を渡った移民たちは引き揚げ、悲しみの記憶と共に、地獄を生き抜いた人々と一緒になって血のしみ込んだ土地で戦後をあゆみ始めた。生活のために基地で働く人もいたが、アメリカのために働きたくないと基地でだけは働かなかった人もいた。私の中の沖縄にまたひとつ、新たな陰影が加えられる。悲しみの島、という表現は乱暴すぎるだろう。けれど、戦火の酷さを内外でくぐり抜けた人たちがともに戦後を生きた島、とは言えるかもしれない。

靖国に祀られた母

札幌・**野村武**さん

二〇一八年、札幌市のお宅に伺った。大正一五年生まれの野村武《たけし》さんは九二歳。パラオの朝日村から引き揚げて、久保松雄さんたちと同じ宮崎の環野に入った人だった。

「環野でアバイ（パラオの伝統的建築物）を作った久保さんは、（バベルダオブ島の）ガラスマオの人でしょう。久保さんの奥さんは杉田さんの娘、美代子さん。あの人は良く知ってる。花を作ってたよね。いや、懐かしい話が聞けるね」

汽車を乗り継ぎ、長い事歩いてたどり着いた環野で桜を見た日のことを野村さんも覚えていた。久保さんが、お花見をしていた人たちに比べて「敗残兵のような」自分たちのみじめさを痛感した場面だ。しかし、野村さんの捉え方は違った。

「桜がねえ、その時期だった。きれいだなと思って。あの桜、も一回見てみたいな」

とっさに自分たち引揚者の見られ方を意識した久保さんと、桜の美しさにすいこまれた野村さん。人が違えば同じ場面も、全くちがう記憶となる。

野村さんのお父さんは、札幌の北東三〇キロほどの岩見沢の栗沢で育っている。もうひと世代遡ると富山の砺波《となみ》だという。岩見沢には富山の砺波から移民が入っている流れが確かにある。「岩見沢から数軒一緒にパラオに渡った。昭和八年に杉田さんがパラオに先に行って、いいとこだから行こうって言って」

野村家は、パラオにきてから四人の子供が生まれて一〇人兄弟になった。

「当初は、父は〝一日一食二食で我慢できそうにないから、土地を探してくれ〟と栗沢に残っていた大叔父に電報を打ったらしい。でも一週間もしないうち、パラオがいいと。自分で弁当作って、山行って山鳩とってこづかい稼ぎしたり。僕は道楽でやってると思っていたら、妹が〝あれ、肉を当時料理屋に卸してたよ〟って。こっちは知らないで。秋に骨密度計ったら一五〇パーセントもあったの、普通は八三とか八四だと。それはおふくろが、鳩の骨を砕いて醬油で甘辛く煮ておやつにだしてくれてたのね。香ばしくて美味しかったの。ほとんど毎日のように取ってきたから、それを随分食べたのね。骨密度が上がってるっていうね(笑)。この年で考えられないでしょう。育ち盛りのときにそうやって食べさせてくれたのが生きてるんだと。骨折もしたことないもの」

朝日村はパラオ本島だ。本島からコロールまで林丸という船が出ていた。それに島からの野菜などを載せて、コロールの料理屋に卸していた。お父さんは豆腐やこんにゃくまで作ったり、他人が作っていない野菜、「梨瓜」を作ってそれはコロールでよく売れたという。お母さんはミシンで子供たちのワンピースやズボンなどの服をせっせと作っていた。

朝は五時には起きてご飯の支度をしていた。

「親父は作った豆腐、子供に売らせて、一丁売ってきたら一円やると。そういう小遣い稼ぎで副収入があったから、生活は楽だったんじゃないかな」

一〇人兄弟でも余裕のあった家計。たしかに内地と比べれば生活に色々な不足があっただろう移住地で、小商いの才能は存分に活かされたのだろう。


野村さんは昭和三年生まれ。昭和一六年に小学校を卒業し、コロールの渡辺コンクリートに寄宿させてもらいながら、夜学の青年学校に通って郵便局に勤めた。

「結構楽しかった。モールス通信の仕事の面で、一つの生きがいみたいなものありました」

楽しい仕事だったが、昭和一九年に入り現地召集となる。野村さんは仕事で付き合いのあった南洋庁逓信課の上司の変わりように驚く。

「信じられないことに、声だって態度だってまるっきり変わってて、びっくりした。すべてがそうじゃないけど、あの人は特別だった。軍隊は性格が変わる。班長の前ではしないけど威張る。いないところで言葉も暴力。同じ逓信課にいた人で上等兵だった人は、全く変わらない。ずいぶん助けられた。片方の人はまるで違う。何をそんなに変わらなきゃいけない。私たちは二等兵だった。軍隊の飯を沢山食った人が幅を利かせる世界。班長は古兵。こちらに自由はない」

終戦時一七歳だった野村さんは軍隊のみならず、平時のパラオにおける朝鮮の人の印象も語ってくれた。

「たとえば、食べ物もなんか雑多なものを食べてるような。お互いの結びつきはすごい強いとこはあるよね。卒業後郵便局に入って、叔母のところに何年もいたんだけど、その隣に朝鮮の人の南洋庁の役人がいたの。おばあさんと奥さんと三人でいたんだ。名前はわかんない。当時はあれ、みんな日本名使ってるから。おばあさんも奥さんも座ってあぐらでしょ。ご飯食べるとき、正座できないでしょ。民族衣装みたいなの着てるから。たまに暑いとこだから胡坐かいてるんだよね。でも旦那さんはほとんど訛りないしね。別に違和感抱く必要はないんだけどね。なにしろ女の人が胡坐かいてる。そんな感じしたよね。内地から行った人はね、朝鮮の人っていうと、極端にいえばね、島民よりも下に見てたんだな。そういうところ多分にある。だから戦後パラオでもひと暴れあった。それは炭鉱でもあったけどね、朝鮮の人を使ってきつい仕事させてた。終戦後に、そういう人たちは（朝鮮人たちに狙われるので）まともに職場にこられなかった」

ちなみに日本においても正座が正式な座り方と推奨されるようになったのは、明治に入ってからと言われ、日本においても立膝や胡坐は正座とともに歴史的にも長らく共存していたのだが、昭和に入ればすっかり正座が正しい座り方として定着し、女性の胡坐は論外、というジェンダー意識が生まれていたのだろう。朝鮮の人たちは賃金でも安く使われていましたね、と言うと野村さんは「内地の人は悪かったと思いますよ」と言った。

炭鉱労働にまつわるルポを残した上野英信《えいしん》は、炭鉱経営者側である三井が囚人労働の延長のように、台風被害で仕事に来た与論島からの「ヨーロン坑夫」を酷使したことにふれ「膨大な数にのぼる朝鮮人坑夫の運命も、またおなじである」と書いた。朝鮮からの青年が、坑内で働く女性から「マイト」の「発破」だよと、出ることを促されても「おばさん、心配しない。俺、死んだほうがいい。死んだら朝鮮帰られる」と動かなかったという証言もある（上野英信『出ニッポン記』）。

北海道に生まれた野村さんが、移住先のパラオで「内地の人」という時、それは一見日本人全般を指すようでありながら、依然自分とは切り離されたもののようだった。パラオ本島にもたくさんの内地からの移住者がいたが、野村さんのいた朝日村は道産子で溢れていたから、移住後もその感覚がはっきりと残ったのかもしれない。「内地の人」には、もちろん東北や九州からの農業移住者も含まれるわけだが、北海道生まれの野村さんには、社会構造の上層に位置し、管理し、命じる人々が特に連想されているのだろう。

開拓から炭鉱、再び開拓へ

パラオに戦争がやってくると、朝日村青年団長も務めた長兄の修《おさむ》さんは兵隊にとられ、海上遊撃隊として亡くなった。

「兄貴はいかだで爆弾積んで、横付けして爆破さして、最初三〇キロ爆弾だかで。そのときは導火線に点火して泳いで戻った。そのあと五〇キロ爆弾となったら、みんな尻ごみして、兄貴は行くっていって結局もどってこなかった。大きな爆弾になると内臓やられるからね。パラオに二回目いったときに、島のちかくね、船でいって、海上で、花輪おとしてね。会いに来たぞっていって。うちは二人犠牲者になったんですよ」

大きな爆弾ほど爆発に巻き込まれる可能性は高い。特攻に近い作戦だった。野村さんが「二人」と言ったもう一人の犠牲はジャングルで隠れながらの飢餓生活のなか、グラマンに撃たれたお母さんだった。

「お袋が撃たれたとき、背中から腸がはみ出してたから、衛生兵から一時間持つかわからないって言われたの。昭和四五年、遺骨を取りに行きました。朝日村のとこまでつれてってもらったけど、草がしげってみえないから火つけて。はっきりした墓標はみんな朽ち果ててるから、名前もまったくわからない。でも土葬してるからその分若干引っ込んでる。それでこの辺じゃないかといって。満潮のときに船で行って戻るために時間がないから、遺骨は持って帰らなかった。その翌々年か、兄貴弟妹、妹はお袋が亡くなるまでいたし、お墓参りにも来てたからよくわかっている。そのときお袋の数珠が出たから間違いないと」

昭和四五年、まだコロール島とパラオ本島をつなぐ道路はできていなかった。橋がかかったのはその七年後だ。船の時間のため、最初の訪問では遺骨は持ち帰れなかった。戦後三〇年近く経ってようやく日本に帰れたお母さんの遺骨。パラオ沖に散らばったままだろう、お兄さんの遺骨。同様に南海やジャングルに眠り続ける多くの遺骨がある。

戦後、一家は宮崎の環野への開拓に入る。久保さんたちと同じだった。しかし、北海道開拓で農地の良しあしをみていたお父さんが、「ここは見込みがない」と一年ほどで離れ、田川炭鉱に一年ほど勤める。その後、炭鉱からの三家族で北海道津別の開拓に入る。戦後の食糧危機と溢れる引揚者問題を回避するために急がれたのが、開拓適地の選定であり、なかでも北海道の開発は広大な土地の広がるだけに、クローズアップされた。

豊かな森林地帯と広い未墾地を蔵していた津別村（町）は、戦後開拓の入植適地として着目され、道内でも屈指の重点地区に浮上した。緊急開拓者の入地に続いて海外引揚者、戦災者、復員者、都市離職者、地元の希望者（長官が認めた者）の入地が相次ぎ、昭和二十〜三十年の間に三一一戸＝約一、五〇〇人を数え、開放（売渡し）面積は実に二、六六一町歩という大地積に達し、支庁管内有数の開拓町村となった（後略）。

（『津別町百年史』）

福岡から津別に入った家族は、昭和二一年に一、昭和二二年に二の計三家族となっているから、一家族が先立って田川から津別に入っていたのかもしれない。炭鉱から開拓地へ。あるいは開拓地から炭鉱へ。この往還は戦後食うや食わずで外地から戻って来た引揚者たちの中にしばしばみられたものだった。

炭鉱労働を経てルポルタージュ作家となった上野英信は、戦後の炭鉱離職者たちの行方を追って南米まで出かけ『出ニッポン記』をのこした。一九五〇年代後半から先の見えなくなった石炭業が廃坑を続ける中、坑夫たちの次なる生業として南米での農業が期待され、多くの炭鉱離職者が南米移住を推奨され、海を渡っていったのだ。

日本の炭鉱労働者が必死の抵抗もむなしく、ぞくぞくと失業地獄に追い落とされてゆく、もっとも暗黒な時代だ。三池闘争の敗北に炭鉱の末期を感じとり、あわただしく日本を去ったひとたちも少なくない。

確かにこれはきわめて特徴的なことだ。しかし、その事実に私はあまりにも眼を奪われすぎていたようである。なぜなら、ここアマゾン流域を歩いてみて私は初めて、すでに早く一九五〇年代の前半から数多くの炭鉱離職者が移住を開始していることを知ったからである。

（『出ニッポン記』）

これは、戦後の野村さん一家のように、急場しのぎの仕事として炭鉱に入った引揚者が少なくなかったことを示しているだろう。しかし引揚者の多くは農業移民であり、最終的には自分の土地を持ちたいと願う人々も多かった。炭鉱で働き続けるよりも農業のチャンスがあるならばそちらに移りたいと考えるのも当然と言える。また、戦後の食糧難で、食いっぱぐれのない農業にも魅力があっただろう。

上野がサンパウロのサンタ・イザベルで出会った伊藤辰男さんは、戦前から炭鉱に入っており、戦地からの復員後に再び炭鉱で働くが、子供が増えたことで宮崎の東都原《とうとばる》の開拓地に入り、六年間土地と格闘している。それも安定はせず、再び炭鉱や日雇い仕事をする中で、ブラジル移住を決めたという人である（『出ニッポン記』）。炭鉱、国内開拓地、海外移住という三点を回遊するかのような、人々の生業を求めての移動が繰り返された戦後だったとも言える。

『津別町史』（一九五四年）を見ると、野村家はお兄さんの博さんの名前で「沼沢二三六」に三町五〇歩の土地を得たことが分かる。沼沢はそう呼ばれる以前はチミケップという名で、多数の穴居趾があったという。チミケップ川が流れていたため、魚も獲れ、湧き水もあり古くから居住の好適地であったようだ。津別町で「本町最後の土人」と言われた宇井敬吉が住んでいた。明治二年生まれの宇井は日本語に長けたため、役所などでもアイヌ側との通訳や土地の案内人として重宝され、沼沢は「敬吉沢」とも呼ばれたというが、昭和五年本岐駅前で横死したとされる。六〇歳を超えたばかりの齢で、和人の信頼も得ていた彼に何があったかはわからないが、アイヌの中には狩猟生活を奪われた不遇から酒浸りになって凍死した者も少なくなかったという話を連想してしまう。沼沢への入植は明治四五年だったというから、宇井は四三歳。その死まで何を見て何を思ってきたのか、彼のアイヌの名さえ、もはや知るすべもないのであろうか。

沼沢は、狩猟中心の生活をするには申し分がなかったが、農耕に向く土地ではなかった。野村一家はそこで格闘する。

「芝桜って開拓用の荒れ地をおこす鍬で、毎日鍬ふって畑作りやって。植物というよりジャングルというか。木が生えてるとこをね。木を両側からぎりぎりと倒すところから」

『津別町史』には「狭長な峡谷で耕地少く、河身の変更による耕地の浸しょくもたびたびあり、電灯はいまだなく、教育機関も最近設置されたばかりである」とある。その三一年後にまとめられた『津別町百年史』（一九八五年）では、「板敷きの小屋は、吹雪になると三角からの吹き込みで夜具には五ミリ余の積雪がしばしばで、それを防ぐのに筵を被せた」「荒山を開墾するにも馬はもちろんなく、手耕しの道具としては三本鍬にスコップ、島田鍬は二、三年後にようやく物々交換で入手するという状態であった。（中略）火山灰のやせ地で、無肥料で収穫できる地味ではなかった」「果てることのない耐乏生活に、開拓地を逃げ出す家族、生活保護を受ける者、娘をアメリカ兵に嫁がせた者など、ジャングルの中には幾多の家庭悲劇が発生」（倉橋一夫談）、「永い永いランプ生活が続き、電灯を拝んだのは昭和四十年代になってから」（隅岡吾郎談）、「土地は山林傾斜地、家も水も電気もない。政府がどう考え、世間がどう思うかしれないが、応募前に聞いたのとは全く話が違う」（離農者談）といった回想が掲載されている。野村家の入った沼沢は魚が豊富にとれたことがまだ救いだったかもしれないが、パラオや九州での生活から、布団に吹雪の積もる戦後を予想できただろうか。入植して三年がたった昭和二五年、厳しい開拓の中、野村さんはお父さんを亡くす。

「自分で農家をやるにしても土地はないし、昔の仕事に戻ろうと思って。札幌で運よく電電公社のテストに受かってね」

津別に根付いた入植者は農業に造材も組み合わせ、三年が過ぎて生活が落ち着いたが「しかし、いつまでも木が続くわけでなし、これでは畑作じゃ食えないと考え、昭和二十九年から牛を少しずつ導入し、酪農を志した」（『津別町百年史』）と証言を残しているが、野村家もまた「三年」が区切りの年になった。長兄の土地、と見切りをつけて野村さんの後半生は街でのサラリーマン人生となったのだ。武さんの下の弟たちも、郵便局や交通局、自営業などで農業を離れた。

遺族の思いを無視した合祀

最後に野村さんは靖国神社の話をしてくれた。

「うちのおふくろは軍属扱いだから靖国神社に祀られてるのね」

一瞬違和感を感じる。軍属というのは、軍人以外で軍に所属する人だ。しかし、昭和二七年に戦傷病者戦没者遺族等援護法ができると「準軍属」という枠組みができ、そこに「動員学徒」や「戦闘参加者」、「特別未帰還者（シベリア抑留などで戦後も外地にいる人）」などが加えられた。この「戦闘参加者」に沖縄の民間犠牲者が加えられて勝手に靖国神社に合祀され苦痛である、と裁判が起きていたことは記憶に新しい。南洋も同じように「戦闘参加者」の中に、米軍の攻撃で亡くなった民間人が加えられたケースがあったのだろう。逆に空襲犠牲者がいつまでたってもそこに加えられないことは、その「援護」すべき数が膨大になるからなのだろう、と勘繰りたくもなる。野村さんは戦後靖国へ行ったこともある。

「でも戦犯が祀られているからもう行かない。母のも出してほしい。納得いかない。純粋に戦争で亡くなった人たちを祀るのなら行きたいけど、違う。仲間と話してても仕方ないんじゃないかという人もいて、温度差があるが、私は……まあ個人じゃどうにもならないね」

戦争の中で平和な日常を奪われて殺されたお母さんの命。それが「戦闘参加者」になり「準軍属」として靖国の神とされた違和感。昭和二七年の戦傷病者戦没者遺族等援護法（以下「援護法」）成立によって、現地召集され亡くなったお父さんを持つ平尾富士子さん一家がそうだったように、困窮した引揚者家族の一部は経済的補償を得て生活を立て直せた。一方で、野村さんのように戦争の犠牲となったお母さんが、「戦闘参加者」「準軍属」とされ靖国に祀られることになり、違和感を抱く遺族も少なくなかったと思われる。これまでに、靖国神社への合祀をめぐっては、沖縄戦遺族を始めとし、神社への合祀に違和感を抱くクリスチャンや宗主国であった日本の神社に勝手に合祀されることを拒否する朝鮮人軍属の遺族による訴訟も起きている。遺族の思想や信条に反して行われる合祀について、「神社が何を信仰対象とするかは絶対的に保護されるべき価値」という判決（沖縄戦遺族による靖国合祀訴訟。二〇一二年に最高裁で敗訴）が那覇地裁で出ていることは一種異様な感がある。時代を経て靖国神社についての理解も「戦死した人たちを祀る神社」と単純化されつつあるように感じるが、殺された家族と一緒に「戦犯が祀られている」ことに納得できない遺族がいる、訴訟を起こさぬまでも静かにいらだちと違和感を飲み込んだ人々がいたという事実は後世にも伝わってほしい。

野村家は津別の開拓に入った後、野村さんの兄を除いて農業を生業とせず、再び海をわたることはなかった。しかし、内地の開拓を諦めてそこから南米を目指した家族もまた多くいたのである。次章からは、宮城の開拓地北原尾からパラグアイに移住した二家族を取り上げる。

パラグアイからアルゼンチンへ

埼玉・**鈴木光**さん

これまでパラオへ移民として渡り、日本にもどった人々の戦後を、沖縄、札幌、種子島、我孫子に暮らす方々に伺ってきた。開拓地に入った人々の中には、そこでの暮らしに不安を覚え、別の土地に移った人もいる。我孫子にはいった玉根康徳さんの祖父母や叔母たちは、宮崎の環野から我孫子に移っているし、種子島の資料をみていても、南米に移っていった家族がいたことがわかる。私が『あのころのパラオをさがして』執筆のための取材で訪ねた宮城の北原尾で、工藤静雄さんにいただいた『北原尾のあゆみ』の中にも、入植者の一覧とそこから抜けた家族がいたことが記されていた。「中村貞生《さだお》」さんと「溝際新市《みぞぎわしんいち》」さんの二家族が一九五八年にパラグアイに転出している。ブラジル移民はよく聞くけれど、パラグアイ移民というのはあまり知られていない。戦前から戦後にかけて日本↓パラオ↓日本↓パラグアイという大移動をした、この二家族を探して、取材することはできないだろうか。

パラグアイ取材が一気に現実味をおびてきた

まず思い出したのは、アルパ奏者・声楽家になっている桐朋女子時代の合唱部の三学年下の後輩、池山由香さんのことだった。アルパはパラグアイのハープで、ヨーロッパのハープの特徴が流れるような優美さにあるとすると、アルパは一音一音がはっきりとたっているため、フレーズは活発に響き、踊りだしたくなるような陽気さをもっている。由香ちゃんとは、卒業後にSNSで再会し、二〇年くらい前に一度会ったけれど、その時彼女は音大を目指しているころだっただろうか。その後特に連絡はとっていなかったのだが、二年ほど前に小学校時代の音楽の先生からの誘いで「杉並ぞうれっしゃ合唱団」のゲスト演奏で呼ばれたとき、打ち合わせでこれは過去数年のチラシです、と見せてもらった中にアルパ奏者として由香ちゃんがゲストになっているものがあった。え、声楽だけでなくてこんな楽器も弾けるんだ、と思ったことを覚えていたのだ。由香ちゃんなら、パラグアイに行ったことがあるかもしれない。

私はまず彼女にフェイスブックでメッセージを送り、パラグアイで取材をしたいのだけれど、誰か現地を案内してくれるような方がいないか尋ねてみた。すると、彼女自身はアルゼンチンに住んでいたころに旅行でパラグアイに行っただけで、大人になってからは訪ねていないけれども、知り合いは色々いるので聞いてみます、と返事をくれた。由香ちゃんがアルゼンチンからの帰国子女だったことにも驚いたが、それでアルパという楽器と出会ったことに納得がいった。由香ちゃんはほどなくして、「お父さんの知人からです」とその方が調べてくれた中村・溝際二家族についての情報を送ってくれた。それによれば、一九五八年五月一七日にデゲルベルグ号でパラグアイ目指して日本を発ち、二家族ともフラムに入植、お二人とも逝去されているが、子供たちがいることと、彼らの住んでいる地域まで書かれていた。取材が一気に現実味をおびてきた。由香ちゃんはしばらくすると元駐日パラグアイ大使・田岡功《いさお》さんの奥様と連絡を取ってくれ、なんと田岡さんご自身とつなげてもらえることになった。このスピードの速さ、人脈の広がり、まるでみなが親戚であるかのように各家庭の情報についても調べがつくことに驚く。誰かに頼めば、会いたい人につながれる、日系パラグアイ社会の横のつながりの強さなのかもしれない。由香ちゃんはさらに私のパラグアイ行きの前に、「お世話になっているアルパ奏者・ルシア塩満さんのお弟子さんに、戦前ご家族がパラオにいて、戦後にパラグアイにわたった鈴木さんというおじいさんがいます」と教えてくれ、鈴木さんのインタビューをルシアさんのレッスン室でさせていただくことになった。

「パラオにいたころは休みの日は慰問で歩いたってよ」

二〇二〇年一一月、由香ちゃんとともに赤羽のルシアさんを訪ねると、奥の居間にはすでに鈴木さんがソファーに座っていた。居間から見える和室には大きなアルパが何台も並んでいる。ルシアさんと由香ちゃんは気をきかせて別の階のルシアさん宅に移ってくれ、大柄だが物静かな雰囲気の鈴木光さんと向かい合ってインタビューが始まった。

「昭和二五年生まれ。一九五〇年。父は敬一といって大正一二年生まれかな。じいさまはわからない。でも有名だった。鈴木寒次郎、パラオでは軍で飛行機の管理をしていた。じいさんのハンコがなかったら飛行機飛ばなかったと。何便飛んだかしらないけど、金持ちばかり乗ってたようだ。軍人でも家族連れていけるってのは古参兵」

戦前も、ほんの一部のお金や権力のある人たちは飛行機に乗ることができた。一九四〇（昭和一五）年から旅客輸送が始まっており、当時は定員二〇名にも満たない川西式四発飛行艇が、月に二回、サイパンを経由して横浜とパラオをつないでいる。この時期少年雑誌には、海軍中佐が寄稿し、空軍の発展には、戦時の輸送も担える民間機が重要であり、「平和な時に、民間航空界が、非常に発展して、世界いたるところに航空路をのばしてゐれば、戦時にはそれだけ容易に、制空権が得られることにもなるのです」と少年たちに呼びかけている（『海洋少年　民間機號』昭和一五年一一月）。

「じいさんは鈴木聲龍《せいりゆう》という芸名があって、浪花節だとか講談、さかさおどりと剣舞もやって、パラオにいたころは休みの日は慰問で歩いたってよ。声がものすごいよかった。書道もやってすごい字書いてんだよ。軍からもらったテーブルかけや、勲章もある。レコードもこんなあったよ」

「鈴木寒次郎」で調べると、一九二四年八月九日の「官報」に一九二四年七月の海軍経理学校の卒業生名簿が掲載されており「普通科経理術練習生」として「横須賀鎮守府」に在籍していたことが分かる。また卒業から一四年後には勲七等を受勲している（『官報』一九三八年三月一二日）。これが光さんの祖父だとするなら、寒次郎さんのハンコがなければ飛行機は飛ばなかったというのは、経理をまかされた立場から事務方の印を押していたのかもしれない。

当時慰問といえば、内地からプロのダンサーや歌手がたくさん渡っているが、昭和一七年に松竹少女歌劇団からフィリピンや台湾に派遣された慰問団メンバーは、劇場ではレビューを、病院では詩吟を披露したという（「南方皇軍慰問団の感激報告座談会」『婦人倶楽部』第二三巻一一号、昭和一七年一一月）から、内容も新旧様々であっただろう。それ以外にも日常的にボランティアでいろいろな見世物があったようだ。寒次郎さんは、軍人ながら多芸ゆえに慰問で活躍した。鈴木さんによれば、甥たちは一人はアルパ奏者、一人はアニメーターになっているといい、芸ごとに秀でる血筋なのかもしれない。

南米はなぜ、戦後の日本人を受け入れたのか？

鈴木さんのお母さんの一家は宮城の遠田郡、今の大崎市からパラオへ渡った。

「じいさんとばあさんと母を含めた娘三人がパラオに行ってたが、戦争が激しくなって先に帰ってきた。（帰ってくるとき）着の身着のまま乗った船はぼろ船で、荷物積んだ船は沈んだと」

終戦より一足早く宮城に戻ってきた鈴木さん一家だが、財産も失い、暮らし向きは厳しかった。米は少ししか食べられず、鍋の底に米を入れ、次に麦をいれ、最後に大根を刻んで入れた大根飯が日常食だった。鈴木さんの父敬一さんは隣近所の中村さん、青木さんと共にパラグアイ行きを決めた。鈴木さんは一二歳、一九六二（昭和三七）年のことだった。

「中村さんはビルマのほうからの引き揚げ、青木さんは職工さんだった。宮城からパラグアイ行った人は結構いたのね。パラグアイ行きの船なんてあまりなかったの。あるぜんちな丸、ぶらじる丸、それにチャチャレンガってオランダ船とか」

パラグアイ移民はブラジルからの移住者を皮切りに、一九三六（昭和一一）年に始まっている。一九三二年にブラジルに入植し、そこからパラグアイのラ・コルメナ移住地に入植した森谷不二男は、次のように回想している。

ブラジル国バストス移住地に入植してコロノ生活を四年間経験した私共にも、なんと後れた国だろうと感じ驚いて呆然とした。

文明の進んだ日本より移住された女の方々は、イビチミ駅で汽車からおりた時皆々涙を流したといわれている。

（『パラグアイ日本人移住五十年史』1987年、以下『五十年史』）

道も悪く、牛車が交通機関だったが、川には橋がなく増水時は牛車でも渡れなかった。作った綿やとうもろこしなどの作物の運搬も数か月かけるしかなかったという入植初期の厳しさが記されている。太平洋戦争がはじまると日本人は資産統制令や旅行禁止令が出され、一九五二年に対日講和条約が批准されるまで、ラ・コルメナ移住地から出ることは原則許されなかった。戦争中、パラグアイへの新規移民は禁じられたが、一九五一（昭和二六）年に再開されて、一九七〇年までの二〇年ほどの移住者数は七七五四人にものぼったという。一九六〇年代といえば、日本の経済成長のイメージしかなかったが、引揚者の「着の身着のまま」の戦後スタートや国内の開拓地での厳しい現状をみてくると、戦後移民がこれだけいたことの背景もみえてくるだろう。占領下の日本政府では「引揚者→人口爆発→国内難民の都市流入→赤化→社会混乱」という危機が想定されていた。加えて、国内の物資不足と出産ブームがあったために、政府の側も海外移住を再び検討したものの、枢軸国だった日本のイメージは悪く、受け入れたのは、すでに戦前移民が定着していた南米諸国くらいだったとされる（遠藤十亜希『南米「棄民」政策の実像』2016年）。

「みんなブエノス病にかかったんだ」

南米の移民受け入れ国の中でも特に厳しい生活を強いられたのは、当時の最貧国だったボリビアや、武器を持った監視が付いた奴隷のような生活だったというドミニカ共和国に送られた人々だった。ドミニカ移民の入植六年後の定着率は四割を切り、多くは帰国、一部はアルゼンチンやパラグアイなど他の南米諸国に再移住したという。鈴木さんが三年通ったというパラグアイのスペイン語学校では、一五歳の代用教員と、「ドミニカから引き揚げてきた人」が先生で、「えらい目にあったらしい」と鈴木さんは聞いている。

一九六二年、鈴木さんたちが入植した東南部のピラポ（アルト・パラナ）は、地区割にせよ、道路の作り方にせよ、それまでの入植のさまざまな知見が反映されたもので、過去の移住者たちからは「大名移住」と羨望の目でみられたという。

「ピラポは魚の手という意味。グアラニー語ね。ピラニアのピラだね」

グアラニー語はスペイン語と共にパラグアイの公用語になっている、南米先住民の言葉だ。アルゼンチン、ボリビア、ブラジルなどでも使われる。

「パラグアイは入ったときはものすごいよかったのよ。でも（農作）物が悪かった。油桐を植えたが、それで失敗した。木は太くなったけど。船の塗料になるはずが、石油からの代用品ができてしまってだめになった。最後は根から掘り返して燃やしてしまった。輸出して羽子板とかにもなったようだけど、それだけではね。それでみんなブエノス病にかかったんだ」

アルゼンチンへ流出する者が増えたという意味だろう。鈴木さん自身も入植して六年後、一八歳のときにお兄さんと共にアルゼンチンに渡って数年カーネーションなど花づくりをしていたという。

一九六一年福岡の炭鉱をやめてパラグアイの「テーラ・デ・プロミッソン（「約束の土地」の意）」に入植した小田実利さんの妻ハルエさんもすでに一三年がたち七人の孫持ちになっていたが、上野英信に「ほかになんの不足もないけんど、ただ三男と四男がアルゼンチンへ移住していったことだけが、なんちゅうてもやっぱさびしゅうて……」と二人が花づくりに行ってしまったことをもらしている（『出ニッポン記』）。

鈴木さんはやがてパラグアイに戻り、養蚕を始める。

「蚕を一〇年やった。イセップってとこに乾絹工場があったんだけどつぶしちゃった。三井三菱片倉で作ったのに倒産。日本がパラグアイの繭を買うとき、中国の繭も買わなければならないってことになって伸びなかったようだね」

鈴木さんがアルゼンチンに渡ったころには、すでに桑園に取り組む農家が出てきていた。

パラグアイ絹糸工業㈱の乾繭工場の完成、ピラポ農協の稚蚕飼育場の建設運営等と相俟って、中には専業的に養蚕を行う農家も出来、地区内日系だけでその数七〇戸を数えた。

（『五〇年史』）

一九七三年には日系農家の産出する生繭は年間一〇〇トン以上になっていた。鈴木さんがアルゼンチンの花づくりから戻ったころだ。

先進国がパラグアイに持ち込んだ農薬の影

やがて、絹の売れ行きも陰りが見え始め、鈴木さんは一九八三年ごろに日本に帰国する。

「今パラグアイに行ったら浦島太郎と同じだ。みんな石の下だ。死んじまった。とにかく癌がすごいな。あそこはゴミ捨て場だった。世界のゴミ捨て場」

一瞬どういうことかわからなかった。産業廃棄物のことだろうか。

「だってそうだべさ、先進国で使用禁止ってなった農薬、向こうでただ同然で置いてくんだもの。ドイツのバイエルンとかね。どこでも使用禁止になるから。ドリン剤（日本では一九五四年に登録され一九七五年に禁止の殺虫剤）とか塩素剤。とにかくね、川に魚がいね。パラナ川はいねーな。家から一〇キロ離れたとこね。おれたちがあそこ入ったときは、橋からみたら下真っ黒なくらい魚いた。それダイナマイトぶんなげるといくらでもとれた。機械化なってからね、草ももうとらね。除草剤で枯らす」

使用禁止になった農薬の行き場としての途上国。日本の製薬会社がネオニコチノイド系の農薬を作っているが、神経系に作用し、ミツバチがいなくなる現象が騒ぎとなり、ヨーロッパでほぼ禁止となってからは、日本国内でたくさん売る方針となり、既成の基準値が大幅に緩められた話は聞いていた。しかし、国内だけでなく途上国にも回っているのかもしれない。それにしても「ゴミ捨て場」という言葉に胸が痛んだ。だれもそうとはいわない、でも多くの仲間が自分より早く死んでいった、その背景に鈴木さんは先進国がパラグアイに持ち込んだ農薬の影を見ていた。

上野英信は、パラグアイでの取材で炭鉱離職者の一人で一九六〇年代にアルト・パラナに入植した水俣出身の長井辰義さんの声を伝えている。

「ピラポ河にしても、日本人が入ってきたばっかりに魚がおらんごとなったちゅうて、ずいぶんインディオから恨まれますばい」(『出ニッポン記』)

それがダイナマイトなどを使っての乱獲によるものか、さっそく現れた農薬の影響なのか。その両方なのかもしれないが、長井さんと同じころアルト・パラナ移住地に入った山口光さんは、養蚕や桐の栽培に加えて棉も作ったが、ホリドール中毒におびえ、やめたという。

「息子たちを危険な炭鉱で働かせとうないばっかりに南米まできたとですばってん、今度は農薬の危険でびくびくしよります。百姓と坑夫と、どっちが危険か、わからん世の中になってしまいましたばい」(『出ニッポン記』)

近頃はよく見かけるようになった「オーガニック・コットン」について、体内に取り込むものでもないし、と思ってながめていた。それは完全に消費者としての見方に偏っていたと今ならば思う。体に取り入れる食品自体のことばかりを気にして、恥ずかしながら、生産者や生産地の土壌にどのような悪影響があるか、という視点が抜けていたのだ。美味しそうな果物は虫に狙われるので、農薬なしの栽培は難しい、ということに合点がいく。棉の実に農薬が必要とは想像もしていなかったが、普通のコットンは収穫までに多量の農薬を使うと知って驚いた。ホリドールはドイツで戦中に開発されたパラチオンの商品名だ。もとは化学兵器研究の中から作られた物質で、日本には一九五二年から普及し一九七一年にようやく禁止された。日本でも当時は、ホリドールを撒いた田んぼには近づかないよう赤い旗がたてられたという。猛毒で、殺人事件にもしばしば使われた薬品だ。

上野英信はブラジルでも農薬の話をたくさん聞いている。一九五九年アマゾンのカオリン台地に入植した大塚宗次郎さんは、一九七一年突然全身に蕁麻疹が出て二日後に肝硬変で亡くなっている。妻節子さんは「農薬にやられたと思います。サンパウロから細井先生が巡回に見えるたびにいつも、農作物の殺菌消毒はかならず土人にやらせなさいと忠告しておられましたが……」という衝撃的な事実を上野に話している（『出ニッポン記』）。農薬の被害が出るのに人種は関係がない。大塚さんは自身で農薬を散布したが、おそらく他で雇われたインディオたちの中に、農薬で亡くなった人がたくさんいるのだろうと考えさせられる。

「かつていた場所」が故郷になっていく

戦後パラグアイ移民のピークは一九六一年だった。鈴木さんの渡ったのは六二年。移住地にももう土地がなくなってきていたころだった。鈴木さんは三四歳のとき、二二年ぶりに日本に帰ることを選ぶ。祖父の代から家族が天理教に入っていたこともあり、帰国して教祖一〇〇年祭（一九八六年）のあたりから関わりが強まった。天理教の兵庫の分教会から、鍛冶技術を学ぶ手配をしてもらって通ったという。

「そのあとは東京でてきて穴掘りだ、ハッハ。水道工事、電気工事。何も資格はないけど教会長の資格はあるから支部を開こうと思えば開けるんだろうけど」と笑う鈴木さん。鍛冶技術は副業として身を助け、刀の修理などを今も地元の人が頼みにくる。鈴木さんの作ったというナイフの写真を見ながら、すごいですね、と言うと、「根気だけだよ、女の子だって作れるよ」と謙遜する。鈴木さんのアルバムを見せてもらうと、いろんな果物や、植物が撮られていて、一枚一枚説明してくれる。

「グエンべっていうんだけど、これが美味い。熟れると独特なにおいがするけど。たねかじるとえぐいんだけど。これはイバプル。ベリーみたいな。普通柿のように枝の先になるけど、これはパパイヤやカカオみたいに幹に直接なる」

一二歳の少年が南米の土地で見慣れぬフルーツを食べた時の興奮を思う。鈴木さんはコロナ禍になる前の二〇二〇年一月にパラグアイにいるお兄さんを訪ねてきたという。今は姪たちが遊びに来ていて、昨日はパラグアイに戻る送別会だった。故郷の宮城はもう帰ることもないという。鈴木さんの故郷はパラグアイになったのかな、と思う。でもパラグアイにいたときの故郷は日本だっただろう。「両方だね」と鈴木さん。その地に根を張ろうと覚悟をきめ、それでも世界を移動し続けてきた人たちにとっては、「かつていた場所」が故郷になっていくのかもしれない。旅行や短期滞在で訪れた経験の身軽さとは別の重み、厚みがそこにある。

パラグアイのアルパ工場の写真があった。

「一五年くらい前ここでアルパを買ってきたの。この人（職人）もジさまになってしまった。ここのアルパはしっかりしてる」

五八歳から習い始めたというアルパ。音楽お好きなんですね、というと、

「んふふふふ」

と楽しそうに笑った。

除草剤入らなかったら
つぶれてた

パラグアイ・フラム
溝際孝市さん

声楽家でありアルパ奏者でもある後輩、池山由香さんを通して、元駐日パラグアイ大使の田岡功さんにつないでもらったことにより、「中村貞生」さんの息子さんの妻であるシズエさん、「溝際新市」さんの息子の孝市《こういち》さんにお会いできることになった。パラグアイはブラジルとアルゼンチンに挟まれており、取材時には日本よりもだいぶ新型コロナウイルス感染症が拡大していたため、お二家族とも不安があったのではと思うが、田岡さんがうまく話をつけてくださったようだった。「家に消毒スペースがあるから、そこに寄ってから行きましょう」と声をかけてくださった。高齢の話者は、来年、再来年と言っている内に話を聞けなくなってしまうこともある。収束時期の見えないなかで、田岡さんがすばやく手配してくださったことは本当にありがたかった。

飛行機のチケットも二転三転した。最初アメリカ経由でブラジルに入りパラグアイに向かうつもりだったが、欠航が決まり、フランクフルト経由でブラジルに入ることになった。チケットも高くなったが仕方ない。前日にＰＣＲ検査を受け、羽田空港のルフトハンザのカウンターにチェックインした。ほとんどの航空会社が休んでいるが、ルフトハンザの列には、日本人の子連れ家族も多い。いずれもドイツに生活拠点がある人々なのだろう。機内は空いていて、三シートをまるまる使えたので、高速バスの旅よりも快適だった。

フランクフルトでサンパウロ行きへ乗り換える。空港で「コロナテスト」の表示を求められるが、無事クリア。サンパウロ行きの機内は満席ではないが、かなり埋まっている。前の席のレゲエスタイルの髪型をしたおばさんが、食事中も大声で話し、咳もしていたので若干不安になる。機内からの景色は、広大だった。大きな山が見当たらず、広い大地に雲がいつまでも同じように点々と続いていた。七〇年ほど前の一九五二年二月、二七歳の三島由紀夫が旅したブラジル・リンスで見た雲を次のように表現している。

牧場や珈琲園や赤土の道に区切られた地平線上に、雲の恣《ほしいま》まな乱舞があった。

これらの熱帯性の雲は、下辺が皆定規をあてて裁断されたように平行している。高い雲も低い雲もそうである。大西洋の水蒸気がアンデス山脈に運ばれて出来たこれらの雲は、別段原料に不足しないが、秋から冬——三月から九月——にかけてどこかの倉庫に貯蔵されてでもいるらしく、草は枯れ牛馬は痩せる乾燥期のあいだ姿を見せない。今日は盛夏の雨季の一日で、しかもこの一帯は快晴なので、雲を見るには好適の機会であった。

（「アポロの杯」佐藤秀明編『三島由紀夫紀行文集』）

パラグアイはブラジルとアルゼンチンと国境を接する国だ。風景も似ている。一～二月は雨期、真夏であった。「定規をあてて裁断された」と三島が表現したまっすぐな雲の底辺は、日本では見慣れない。どれも等間隔で動いていくように見えるのが面白い。三島がブラジルを訪れた一九五二年一～二月はまだ戦後南米移民が再開していなかった。ブラジルと日本の国交回復が同年四月であり、戦後の移住を担う「日本海外協会連合会」発足が一九五四年の一月だ。東京に置かれた本部で「移民募集要綱」というパンフレットが作られ、各地の自治体で配布された。「移民事業を戦前レベルまで拡大することを目標に掲げていた」この組織は、移住の宣伝について「若干の正確さを犠牲にしても、より刺戟的であることが必要」と考えていた（『移住執務提要』一九五七年）。ブラジル移民を描いた『蒼《そう》氓《ぼう》』で知られる石川達三は当時喧伝されていた「海外発展の先駆者！」という言葉について次のように述べている。

政府と移民会社とが鐘太鼓で生活に困っている人たちを駆り集めて説くところは、ブラジルの長所ばかり日本の短所ばかりだ。可哀想に、根が正直なお百姓たちは、向うの長所とこっちの長所とだけを合計して、安直に、理想の天国を作ってしまった。

（石川達三『最近南米往来記』）

『最近南米往来記』は一九三一年に発表された。戦前に石川が批判した、政府が先導した「鐘太鼓」は戦後も同じように鳴り響いたと言える。

飛行機が下降すると、赤屋根の家々が美しかった。

サンパウロでパラグアイ行きの飛行機を待っていると、金正恩に似た韓国人のビジネスマンが、韓国語で仕事先の人と話をして「今サンパウロなんですよ」と言いながら、カメラで空港の景色を見せたりしていた。何本か同じような電話をしていたが、最後に何度もお辞儀をして切るのが、日本人と似ているなと面白く思う。そのバックではパラグアイ人なのか、青年がギターでボサノバを弾いている。ビジネスマンの韓国語のバックで流れるボサノバが面白く、録音する。

パラグアイに到着

いよいよ機内に乗り込む。数時間でパラグアイだ。赤屋根は同じだけれど都市部も緑が多い。ブラジルは都市部はかなり緑が少なかったので、パラグアイの緑がなんだかうれしかった。一五分遅れで空港に降り立つと、ゲートを出たところに臨時の手洗い場所がいくつも設置されており、パラグアイ政府の本気を感じる。その後、外国人の列かと思って並んでいたのが「国内（パラグアイ）」の列だったことに気づく。並んでいた「パラグアイ人」の見た目が本当に多国籍に見えたのだ。日本人とそれ以外の人々の列に分かれると、一目瞭然になる日本の空港と大きく異なる点だ。海外旅行保険とPCRチェックをするので、外に出るまでに時間がかかった。入国審査をしていたお兄さんは英語がわからないようだった。パラグアイはスペイン語だ。私も来る前にスペイン語を少し勉強したものの、動詞変化の多さにおののき、数字以外は大して頭に入っていない。どうやら、パラグアイでの滞在場所の住所をかけと言っているようだ。田岡さんのお宅にお邪魔することになっていたので、田岡さんに電話して住所を言ってもらう。

ようやく、出口にでるとパナマ帽をかぶったおじさんが電話片手に手を振っていた。田岡さんだった。ここから車で五時間走ると田岡さんの暮らすラパス移住地だ。空港近くの道路には、物乞いや果物売りや車洗浄夫が車間を縫って歩いてくる。グアラニーというインディオだという。子供もいる。パラグアイはグアラニー語がスペイン語とともに公用語になっており、学校でも習うため、日系人もグアラニー語を解する人が多い。通貨も一グアラニーという単位になっており、先住民の文化が尊重されているようにも思われたが、先住民たちの境遇を眺めているとそれ以外のパラグアイ人との生活レベルには歴然と差がついているのかもしれなかった。

窓の外を流れていく街並みは、二〇年前に旅した中国の華南地方のバスから見た田舎の雰囲気と似ている。中心部を抜けると景色は最高だった。どこまでも開けている平野、青空と等間隔に流れていく丸っこい雲、牛や馬、羊たち、広大な畑。時折鮮やかな、ラパチョの花だろうか、黄色の花をつけた街路樹がある。カエンボクもブーゲンビリアも咲いている。一九七四年パラグアイを訪れた上野英信は「あの泣きたくなるほどやさしい女性的な草原」「その地平線を雲のようにうつろう牛や馬や羊たちの姿」と形容した（『出ニッポン記』）。おそらく空港を発って郊外に入ってからしばらく続くこの景色は半世紀近くたってもほとんど変わっていないと思われる。

日本人はなぜパラグアイに移住したのか

「移住地では、当初通年の作物としては油桐、ジェルバ（マテ茶）、それからポメロ（柑橘）と育てました。ただポメロはカイガラムシで全滅。山の中まで全部、政府が来て切り倒しました」

田岡さんは、一九四三（昭和一八）年に東京で生まれ、徳島県三野町（現三好市）で育った。一九五八年、家族と共にパラグアイに入植している。取材当時七七歳。一九八六年から二〇〇三年にかけて二度ラパス市長となり、二〇〇四年には移民出身者としては初めて駐日大使となった。そのときそのために日本国籍を捨てたという稀有な経歴を持った人だ。農協の会長や理事などを歴任しながら、現在も大統領顧問、県知事顧問などパラグアイの政治に深くかかわっている。

田岡さん一家がパラグアイ行きを決めた時、周囲は反対だったという。

「功を南米には行かせたくない」という思いで、近所のおばさんたちは父覚義《かくよし》を「田岡家をどうするつもりか」「何を考えているのか」と責め、出発前には大変悲しい思いをいたしました。そうしたことや当時麦飯の時代で厳しい生活の中で隣のおばさんから「夕方早目に家においで」と呼ばれて行くと麦飯のご飯の中に一握りの白米を炊いてくれたこと、私のために家族が農作業から帰る前に食べさせてくれたことは、私の生涯で今も胸が詰まる思い出です。

（田岡功「多文化共生の架け橋　パラグアイにおける日本と日系人」浅香幸枝編『地球時代の多文化共生の諸相』、以下『地球時代』）

こうした温かなコミュニティで育った記憶が、田岡さんが移住地での日系社会のために貢献していくモチベーションの背景としてあったようだ。

パラグアイ移民の始まりは、戦前にさかのぼる。ブラジルでの入植に不満を持ち、国境を越えて移ってきた日系移民がほそぼそといたのだ。一九三四年、渡航してくる日系ブラジル移民の数が制限されることになった際に、隣国パラグアイへの移住が提案され、ラ・コルメナ地区が移住地として選ばれた。ブラジルや日本から入ってきた人々が、一九三六年から四一年までに七八〇名入植したという。戦後は一九五二年からパラグアイ移民が再開された。ラ・コルメナが手狭になると、チャベス移住地が開かれたが、チャベスに入るつもりで渡ってきた人々が入りきれない事態がおき、一九五五年以降フラム移住地が開かれていく。その中央に位置するラパス移住地は一九五六年に開かれ、広島県沼隈町周辺からの村ごとの移住、一九五七年には高知県大正町を中心に数村が集団移住している（『フラム移住30年の歩み　みどりの大地』、以下『みどりの大地』）。田岡さんの故郷三好町にも、満州からの引揚者が溢れていた時代だった。パラグアイ移民はブラジル移民よりも少数派であったためだろうか、日本ですでに土地代金を払って地主として赴く形で、移住して働いて数年後に独立が決まるブラジルよりも、その点は好条件だったという。移住地での農業がうまくいかず、ブエノスアイレスに花栽培や洗濯屋としての現金収入を求めての大量の再移住が起きた時も、田岡さんの父覚義さんは「今更、洗濯屋で外人の服など洗えるか、ここで飢え死にしても移住地で頑張ろう」とパラグアイで粘った。覚義さんは、農地解放で土地をとりあげられた元軍人だったが、入植三年目に田岡さんの弟が川の事故で亡くなってから、日本には帰らないと決意し、移住地のために尽力し始めたという。日本人としての気概、コミュニティを支える決意は功さんにも静かに受け継がれているように思われた。

田岡さんは、日本各地から集まった移住者について話すとき、一瞬「炭鉱から来た人たちもいましたが、農業にはあまり向かなかったね」と炭鉱離職者の話をした。その時は、何となく、炭鉱夫の中には、農家の出ではなく慣れない仕事だった人もいただろうなという程度に聞いていたのだが、上野英信『出ニッポン記』を読む中で、また違う捉え方ができるように思った。それは、南米に入植した炭鉱離職者たちの多くが、日本人コミュニティの偏狭さについて言及していたからだった。水俣出身で中鶴炭鉱での大事故を経てパラグアイに入植した長井辰義さんは次のように言う。

「おなじ集団生活でも、なかなか炭鉱のごと仲良うないかんもんですなあ。お互いに陰口ばっかりいい合うて、しょっちゅう仲間われですけん」

「インディオたちのほうが遙かに立派ですばい。けっして仲間の陰口をいわんですけん」

あるいは、新移民を助ける気風のあるブラジルの沖縄県人社会について、上野が質問すると、ブラジルのカンポ・グランデ入植者で沖縄出身の奥本さんは、「ヤマトのひとびとは、どうしてお互いに足をひっぱり合わなければならんのでしょうか」と逆に問うている。上野が各地の炭鉱離職者たちから聞いた話をまとめると、初期移民たちは自分たちが辛酸をなめているために、あとからきた新移民にも同程度の苦労があって当然と考え、手を差し伸べない人が多かった、ということになるだろうか。そのことをとりわけ身をもって感じてきたのが、炭鉱離職者であったかもしれない。彼らは、農業を生業とする者とは異なる空気をまとっていた。それを、一九六〇年にブラジルに入植した平山さんはこう表現している。

「銀行《バンコ》から借ればよかろうばって、そのためには保証人がいりますたい。ところがあいにく、うちだちのげなタンコタレの保証人になってくるるげな奇特な人間は、一人もござらっしゃれん」

タンコタレ。聞いたことのない言葉だった。はなったれ、あまったれ、うんこたれ、あほたれ、しみったれ、ばかたれ、びんぼたれ。「たれ」は、接尾語として「その性質や状態をはっきり表わす人をののしって言うのに用いる」と『日本国語大辞典』にある。実際にののしり言葉として使われたものか、坑夫の自虐から広まったものかわからないが、もの悲しい。それが馬鹿でもアホでもなく一つの職業と結びついて言われるところに、炭鉱労働者が社会でどのように眺められたかが想像できる。田岡さんの言葉に、強い差別意識は感じられなかった。それでも彼らが日本人コミュニティの中でどこか浮いていただろうことは想像にかたくない。しかし興味深いのは、「たんこたれ」が、ただ単にみじめな存在で蔑視の対象であったかというと少し違う。

三池争議後に三井鉱山が解雇者対策として、炭鉱離職者を南米に向かわせる方針は現地にとっては恐怖をもって受け止められた。上野は現地の新聞を引いて「たんこたれ」への視線を浮き彫りにしていく。「共産党分子」がまぎれている可能性、勤務時間へのやかましさ、すぐ裸になる習慣、集団での要求。「近代労働者としての水準は高くても、おっとりした南米向きではないという意見もある」とは『パウリスタ新聞』の一九六一年の記事の言葉である。ある点で、炭鉱労働者たちは集団で要求すること、労働の理不尽を言葉と行動にすることを知っていた。日本人の初期移民は子弟の教育に理解が少ないため、子供たちにきちんと教育を受けさせられるよう、ブラジル人経営の農園に移ったという炭鉱離職者もいるくらいであった。圧倒的に農民の割合が多かった日本人移民社会の中で、炭鉱離職者は色々な意味でエイリアンであったのだ。

「次の若者がどこまでパラグアイ化してしまうか。みな日本語に不自由することはない。ただ、男の人はしゃべるけど勉強はあまりしない。だからしゃべるけど書けない人が増えてきている。日本人会でも日本語で議事録つくってもわからないのが半数以上になった。農協はもうスペイン語でやっている」

それでも、パラグアイの日本語教育のレベルは悪くないと田岡さんは自負している。「小学校6年生で日本語の1級検定試験を7、8割がパスする」(『帰りなんいざ田園まさに荒なんとす　加藤一郎対談集』)と過去の対談でも語っている。

「ブラジルなんかでは、二世の日本語は外国人の日本語みたいになっている。パラグアイは本国と変わりない」

ブラジルの日系社会は大きいが、パラグアイの日系社会のように小さいコミュニティの方が丁寧に伝統が引き継がれるという側面があるかもしれない。田岡さんは当時を振り返ってこう語っている。

「自分たちの年代が結婚し子どもが学校に行く時代、父兄会で一番話題になったのは日本語をどのように教育をしていくかということでした。若い父兄はパラグアイで生まれた子どもたちはスペイン語だけに集中すべきで、子どもはパラグアイ人として国民として生きて行く以上は現地人になるべきだという発言がありました。その一方、現地で生まれても日本人の顔をしている以上日本語も話せるように教育すべきだという父兄の考えが二つに割れました。スペイン語だけ勉強する子どもが優等生になるわけでなく、スペイン語ができる子どもは日本語もでき、子どもたちは日本語を習ってもスペイン語学習はあまり負担がないことに気付いてきました。そのことにより日本人移住地では父兄が一丸となり日本語にも力を入れるようになり、現在は日本人会の組織として第一に学校への支援とＪＩＣＡの日本語教育基金や日本語先生研修生として来日、日本語指導教師専門家の派遣を受け、移住地の日本語小学校六年生までに日本語一級検定試験を受ける教育レベルになりました」

（『地球時代』）

私が通った高校では選択外国語がいくつかあったので、迷わず中国語を選択した。中学時代に川島芳子のことを調べるようになってから、中国近現代史に興味を持っていたからだ。もちろん英語だけに専念する子たちも多かった。彼らがよく言っていたのは「英語だけでいっぱいいっぱいだよ」ということだった。それは確かにもっともらしく響くのだけれど、人はそれぞれ言語との相性というものがあるように思う。たとえば中国語は四つの音の高さを使い分けなければならないが、歌が得意な人は有利ともいわれる。だから英語が好きになれなくても、中国語はすごく合う、という人もいると思うのだ。最初からそうやって退けてしまうのはもったいないなとも思っていた。それから、そこに興味やなんらかのモチベーションが上乗せされていたら、英語プラスもう一か国語を習うということは、まったくマイナスには働かない。おそらく、日本語力をどんどん伸ばした子供たちは多かれ少なかれ、父母祖父母の生まれた国でありながら、まだ見ぬ国への興味があったのだろう。

途中、川辺のレストランでなまずのミルクスープをいただく。コラーゲンが多そうだが、味はあっさりしていて食べやすい。

「これは昔は鉄鍋で作っていて、それがおいしかったの。ガスになってから味が落ちたね」

田岡さんは大使時代に受けた週刊誌の取材に「ミカンが食いたくなったらノコを持って山に入って、野生の木ごと切り倒す。川ですくった小魚を油で揚げて丸ごと食べる。おおらかなものでした」と少年時代の自然の中での楽しみを語っている（田岡三千代　イサオ・タオカ「夫婦の情景」『週刊朝日』二〇〇五年七月一五日号、以下『週刊朝日』）。

あざみにはとげがある。泣きながら食べた

田岡さんは七七歳と思えないくらい車を飛ばしたので、五時間の道のりもあまり長く感じなかった。走る車もほとんど他にない、のどかな風景の中、車をぶっとばして街に向かうのが、田岡さんは好きなようだった。田岡さんによれば、パラグアイでは「家庭の自己責任」で中学生になれば運転して通学することが許されていたという。ところ変われば、である。

大きな天然木二本を柱にした日本風の立派な門をくぐるとそこが田岡家だった。移住の歴史の記念として、入植した当時のジャングルを思い、孫たちのために大木を門柱として残したものだという。庭には色とりどりの花が鮮やかに咲いていた。玄関先で紫の光を放っているUV殺菌灯を数分浴びる。田岡さんが度々都会へ出るので、コロナ感染を心配した娘さんが買ってくれたものだという。シャワーを浴びて着替え、溝際孝市さんが待ってくれている、息子さんの家へ向かう。

庭先にテーブルと椅子が並べられ、息子さんたちがお弁当を頼み、肉を焼いて待っていてくれた。ズボンに革のベルトをしめ、白いワイシャツ姿のおじいさんが立ち上がった。溝際孝市さん。田岡さんと同い年だという。お父さんの新市さんと共にパラオから引き揚げ、宮城県の北原尾に入植した孝市さん。終戦時二歳のため、パラオの記憶はない。

「大和村にいました。家族は無事だけど、一番上の姉朝子は変なもの食べてパラオでなくなってしまった。同じもの食べたのに、次女の姉栄子は大丈夫だった。姉が死んでから良くなったから、姉が妹の病気をもってってくれたんだろうと」

「変なもの」を食べざるを得なかったのは、米軍の攻撃を避けるための飢えと隣り合わせのジャングル生活のためだろう。毒のあるカタツムリやネズミが貴重なたんぱく源だった話はあちこちで聞いた。栄子さんは孝市さんより四つ年上。終戦時六歳だが、すでに故人だ。攻撃から逃げ回った怖い記憶しかないと語っていたという。

「でもパラオはいいとこだって聞いてます。北原尾は大和村のメンバー。一番最後まで残ったメンバーです、みな元気にやっていますか？　イサさん、その上が佐藤さん、その上が小野さん、荒川さん、泉さん、長尾さんの次男坊はどこか出てるんじゃないかな。その上が横月さん、反対の左側に高橋さん。子供いなかったからもういないかな。その次が広谷さん、遠藤さん、今さん、工藤さんはちょっと離れてるね」

驚くべき記憶力で、溝際さんは北原尾の入植地の各家の場所が頭に入っていた。庭のセミがアブラゼミと違ってやけに電子的な声で鳴いている。声の厚みがすごい。毒蛇もやってきて犬が格闘することがあるという。日本の蛇と違い、威嚇の時に尾についた鈴を鳴らすので鈴蛇と呼ばれ、存在がわかりやすく噛まれることは少ないという。

「宮城では中三の一か月だけ学校行って。その前は親に小さい斧作ってもらって、木を叩いて歩いとったのは覚えてる。いい土地じゃないですよ。蔵王の火山灰で（作物が）できない。まだそこにしがみついているのかなとみんな。馬鈴薯植えても風が夜ふけばもう土飛ばされてでてきてしまう。できる土地じゃなかった」

みなさん、農業から酪農に変えてやってらっしゃいます、と答えながら、「まだそこにしがみついている」という言葉が印象に残った。その強い言葉の裏に、自分たちはパラグアイという土地に渡って、よりよい生活を生き抜いてきたのだ、という溝際さんの自負を感じた。

「（北原尾では）金もないし食べ物が大変だった。（鍋に）米をひと握り入れるだけ。あとはあざみとか草を入れる。あざみはとげがあるから、花を食べたらのどがちかちかして、泣きながら食べたのを覚えている。うるいなんかはおひたしで食べるし、食うっていったら馬鈴薯とサツマイモ。夜はおじや」

溝際家はパラオから引き揚げてから一〇年ほどを北原尾で暮らした。北原尾の人々が、畑にみきりをつけて牧草地にし、酪農に切り替えたのは一九五四年ごろ、溝際さんたちがパラグアイに渡る四年前だった。六一年に簡易水道が敷設されている。


日本各地に残る「七草なずな」というわらべ歌に惹かれて調べていたころ、陸前高田で小学校時代を過ごした母に、七草がゆには何が入っていたか聞いたことがある。「そんなもの食べなかった」という答えだった。冬の東北に入れられる草など生えていないのだ。聞けば腑に落ちるが気づかなかった。東北の短い夏、あざみは重要な食糧だった。調べると、茎、葉、根はてんぷらやきんぴら、煮物などで食べられてきたようだ。しかし、花弁の根本には鋭いとげがある。子供が食べながら泣いても、それすら捨てられなかった貧しさの状況が伝わってくる。サイパンから八丈島に引き揚げた菊池美和子さんも、食べ物に困りあざみの新芽を食べたといっていたことを思い出す。

「安全な南米で広大な土地を耕せる」

一九五八年五月一七日、溝際家と中村家はともに日本を発つ。同船でパラグアイを目指した家族は、秋田、長野、兵庫、岡山、広島からの人々だった。溝際家はさかのぼれば、パラオの前は北海道、その前は淡路島というから、札幌の平尾富士子さんと祖先同士は知り合いだったかもしれない。

戦後移民たちの胸中はどのようなものだったのだろう。フラム移住者たちの回想録『みどりの大地』には、男性六人が当時を回想する座談会が掲載されている（「家長が語る入植四方山ばなし」『みどりの大地』）。ここには、ひとくくりにできない様々な経歴と移住への思いがつづられているので紹介したい。

昭和五（一九三三）年からフィリピンへ行って農業をしていた榎本金次郎は引き揚げてから七年間炭鉱で働いたが、「落盤事故で左足と腰を傷めて休んでいた時で、どうせ日本では大した事は出来ないから、外地に行けば、また何とかなるんではないか」、また「当時の日本の配給事情を見れば、一人でも多くの人間が外国に出た方が口減らしになる」と考えたという。

警察官だった後藤吉郎は沼隈町集団移住の記事を新聞で読んで決心した。「日本がちょっと嫌になって」いたし、官僚生活をして子供を育てあげても、「自分には何も無く残っていない」という将来はいやだったこと、また米ソ冷戦で「戦争のない南米に行った方がいい」という判断があったという。

北海道生まれだった田中栄太郎は、もともと戦前にブラジル移民に行く予定だったが、事情によって行けないまま、戦後「非常に狭い」高知に暮らし、「もう少し広い所へ行きたい」気持ちがあったと道産子らしい動機を語っている。

戦中に満州義勇軍に参加していた野中弘志は「移住については関心を持って」おり、高知県知事の視察でパラグアイの評判を聞いた。

熊谷茂美は親戚の事業の倒産をきっかけに「整理したら、日本の三反百姓ではやっていけな」くなり、「同じ百姓をするなら、広い所へ行って大きな百姓をしよう」と考えるに至った。

上村寛は原爆で父を失い、家族を養ってきたが、河川改修で土地を半分以上取られて農業をやめねばならなくなった。「自衛隊とか、北米の短期移民などにも当って」いたが、沼隈町の集団移住に加わることにした。イタリア映画の中でみたコンバインによる収穫が印象に残り、「機械化された農業をしなければいけないが、日本では耕地が狭くて、とても出来ない」とも感じていた。

溝際さんたちのような、開拓地を出た人々以外にも様々な理由で人々はパラグアイに渡っていた。そこには安全な南米で広大な土地を耕せるというイメージが共通してあったのかもしれない。一般人の抱くイメージはいつも曖昧であろう。しかし各地の県庁においても、適当な情報も混ぜて適当な喧伝がなされていたようだ。長崎県庁でボリビア移住の説明を受けた高野美喜夫は例えばこんな感じだった。

おいしい野生のバナナや椰子の実がいっぱいあるから、食料の心配はない。子どもが食べすぎて腹をこわさんようにという話でした。それに、常夏の国だから、冬物はいっさい持ってゆく必要はないということでした。それを真に受けて、冬物は外套までふくめて全部友だちにやってしまいました。ところがなんの、こちらの七月は冬のさかりでしょう。夜になると四度ぐらいまでさがります。たまったものではありません。役人のいうことなんて、まったく嘘のかたまりみたいなものですね。

(『出ニッポン記』)

一九五五年の入植者の話である。日本ほどの冷え込みではないにせよ、南米にも冬があり霜も降りる。それを「常夏」とくくってうまく話に乗らせてしまうところに、おそらく戦前戦後と変わらぬ国や役所の無責任さがある。
　ともかく一九五八年五月、溝際さんたちは船に乗った。溝際少年の記憶は鮮やかだ。
「神戸や沖縄でも移民の人載せて。シンガポール、モーリシャス、ダーバン、コートジボワール、ケープタウン。ケープタウンでは袋をもらって輪を作って、魚の頭を入れてしばらくして引き上げるとエビがたくさん入っていた。だんだん人が見に来て、海に放しなさいと言われたけど、先に取ってたのは炊いて腹いっぱい食べたよ。船では日本食。うちらが行った船は一番静かで、ごはんが傾いていくこともなかった。大概がーっと流される」
石川達三たちが乗った船がケープタウンに着こうとするときは、濃霧で一時停船した。

　この間に移民たちは舷側から糸を垂れる。一尺六寸の鱶《ふか》の子が面白いほど釣れる。不意に霧の海上に波を起して、うねりを打って丈余の鱶が片ひれを水面に見せて過ぎて行く。一同は恐怖に襲われて黙って見送る。海豚《いるか》の群れがしきりに水面に踊る。

（『最近南米往来記』）

　当時南米へ行くには東まわり航路と西まわり航路とあった。溝際さんたちは西まわり航路で二か月ほどかけて七月二〇日に到着している。

除草剤と遺伝子組み換え大豆

「こっちは食べ物豊富にあるし、自分でコメも作っているし。暖かい所と思って来たけど四月五月なんかは真っ白に霜が降りる。今は夏だからいつもなら今頃寒いなんてないんだけど（今年は）寒いね。上着持ってないと。その代わり日中がかなり暑い」

一月、南半球は夏だった。パラグアイやブラジルの山地のほとんどない広大な平地を見ていると、寒さなど無縁のように思えるのだが、きちんと冬があるようだ。入植当初は、ヒマや油桐を育てたが、やがて大豆に切り替えた。桐は焼いたという。

「父は晩年は大きい木なんかは五、六回打ったら休憩してたね。大きい木は三日かかったよ。みんな同じことやりよるから辛いとも何とも思ったことないね。ブルドーザーがきたら根っこもとってもらえたし、そのころは楽になった。消毒は追い風のときはいいけど、向かい風になると丸被りなの。肺の方やられる」

埼玉の鈴木光さんの言っていた、農薬で仲間が若くして死んでいった話を思い出す。日本の農業も無関係な話ではないだろう。広島出身の元原発労働者のYさんが、農家だった父親は農薬に殺されたと思っていると言っていたことも思い出す。演奏で周防大島に行ったとき、宿の方から聞いた「ここらはみんな肝臓がんで死ぬの、みかんの農薬ね」という言葉も忘れられない。根から吸わせるネオニコチノイド系の農薬が、ミツバチやその他の生き物の神経を狂わせたとしても、農家の人にとっては農薬を浴びずにすみ、負担が少ない、というメリットがあるということも思い出す。

「除草剤入らなかったら百姓つぶれてたね。草刈りは人いっぱい使うから」

田岡さんとラパスに向かう道中の畑はほとんどが大豆畑だった。遺伝子組み換えだという。すでに除草剤によって草刈りのいらない時代になった。それでも、日系の人たちは自分たち用には、普通の大豆を育てて、それで味噌や醤油を作っていると聞いた。遺伝子組み換えは輸出用だ。ブラジルも似た風景が広がっているのかもしれない。それはすでに世界中に出回って加工品や家畜の飼料となっている。除草剤と遺伝子組み換え大豆によって大幅に農家の負担は軽減された。消費者は漠然とそれを避けようとするが、危険性もはっきりとはわからない。それでも、上野英信が伝えたいくつもの悲惨な農薬被害や、鈴木さんの言葉を思い出すと、ほんの五〇年前まで生産者と自然環境双方に大きな負荷がかかっていたとしたら、前者が軽減されただけ良いのだろう。あとは、長期的影響を警戒して身を守るか、守らないかだ。

ラパスの「富士地区」に眠る家族

「日本は大変だね、台風もあるし、地震もあるし。昨年は台風は大丈夫だったね。こちらは雹くらいかな。全部、植えたのはだめになる。キャベツも一つもなくなってる（笑）。飛ばされちゃう。草は切ったみたいになって、ガラスも割れてる。竜巻と一緒にくるんだ。山にたまった雹は一か月くらい残っていて、それでビールを冷やして飲んだ」

日系の人々の多くはNHKを見ている。だから、ここ最近の日本で災害が続いていることにも詳しいのだ。雹被害については、一九七七年の被害が大きかったようだ。小麦の収穫目前の時期であり、桑も全滅、瓦が割れて家の中に入ってきたところもあったという。農作物はもちろん、庭の木に放し飼いしていた鶏も全滅した（「座談会　30年をふり返る」『みどりの大地』）。溝際さんは経験していないが、イナゴの大量発生に苦しんだ地域もあった。

息子さんたちが注文して用意してくれたお弁当は、田岡さんの娘ミナさんのお店の弁当だという。どれも丁寧に作られた日本のおかずが沢山入っていた。庭先では燻《いぶ》し焼きのできる焼き機の上で肉とソーセージが回っている。どちらも新鮮で美味しい。長男慎二さんの奥さんがトウモロコシのケーキも作って下さっている。優しい甘さでパンがわりに食べられる。溝際さんの長男は農協、次男は建設会社につとめている。父の新市さんは四男四女をもうけたが、パラオで亡くなった長女朝子さんと次女栄子さんを除いて、みな存命だ。三男も農業、三女はイグアス、四女はピラポに嫁いで暮らしている。

「今は一年中畑植えてる。大豆、ひまわり、菜種。菜種もひまわりも油がとれる。菜種は搾りかすをおつゆにいれると美味しいよ。宮城でも作ってた。菜種や小麦ね。機械はない時代、火をつけると種がこぼれるから、そうやって収穫してた。セミも食べれるよ。ちょっと焼いて日本で食べたね。朝早く行って羽化したやつをよく食べたね。山羊やウサギを飼っとった。冬になったらつぶして。毛抜くのも早いよ。山羊は乳絞って。おいしいよね。毎朝絞って」

　貧しくて離れた土地の話だ。それでも、その記憶の細部に息づくものに心を打たれる。子供時代ゆえの無心さも加わっているのかもしれない。北の北原尾と南のパラグアイが農作物の話を媒介に一瞬でつながる。遠い北国の記憶は農や食を通して、溝際さんの中で生きていた。

「母は緑といって。こんにゃく作ってて、暑いもんだからそのまま倒れておきれなくなって」

　父の新市さんが亡くなって四年後、孝市さん五一歳の時だった。両親はラパスの富士地区の墓地に入っている。到着後三か月で亡くなってしまったおばあさんは、アペレアの墓地に入っていたが、三年前に富士の墓地に移したという。

翌日田岡さんと一緒に富士墓地をたずねた。地平線の見えそうな平原の中に五〇ほど墓標が並んでいた。雲は青空低く流れ、人はほとんど見当たらなかった。「法名　釈尼穏恵」と記したもの、「南無阿弥陀佛」と彫られた墓石、十字架もちらほら混じっている。造花が供えられているところが多い。黒や灰色のお墓が多い中、真っ白な石のタイルで作られたものが、溝際家のお墓だった。裏には三名の名前が彫られていた。

故　溝際たい　一九五八年十月二十三日没　行年八十七才

ミカエル

故　溝際新市　一九九〇年二月八日没　行年八十四才

アンナクララ

故　溝際　緑　一九九四年九月十八日没　行年八十三才

新市さんと緑さんには洗礼名がつけられていた。キリスト教徒だったのだろうか。田岡さん曰く、ブラジルと違って一貫してパラグアイに拠点を持ったお寺がなく、お坊さんもいなかったため、最後はきちんと弔いをしてもらうために、キリスト教に入っておく人たちもいた、ということだった。

それにしても、到着後まもなく亡くなった新市さんの母・たいさんの高齢であることに驚く。その年で、二か月の船旅を経てパラグアイに渡るということは、今の感覚からはなかなか想像がつかない。しかし、淡路島、北海道、パラオ、北原尾と流転を重ねた一族の人間ゆえの、身軽さであるのかもしれない。そして、新市さん、緑さんがともに長寿を全うされていることに、心打たれる。北原尾で、一代目の人は九〇過ぎまで生きた人がほとんど、と聞いたことを思い出す。度重なる苦労を経た人のたくましさだ。いくつもの土地を経て新市さんは、最後に大天使の洗礼名をもらってパラグアイの土となった。白いお墓の上には三つの十字架がたち、そのクロスの部分にはアルミのハートがつけられている。お墓の向こうには大豆畑が青々と続いていた。

二つの大和村を生きた夫

パラグアイ・エンカルナシオン　中村博子さん

トリニダーという世界遺産になっているイエズス会の修道院跡を見学した日、お昼に中村貞生さんの息子正弘さんの妻・博子さんに会いに行った。車を降りると「ミヤギケン」という店名が書かれた看板が目に入った。博子さんの息子さんが中華料理屋を営んでいるのだ。ここでお昼を食べながらの取材となった。博子さんは一九三三（昭和八）年生まれ。一歳年下の正弘さんは二〇一九年一〇月に亡くなっていた。

「日本から出て暮らしたいって野望っていうか、あったんじゃないですか？　主人のお父さんも、主人もあったと思いますよ。主人のお母さんのシズさんはパラオで昭和一八年六月に主人の妹の和子さんを生んでいるけど、その後が大変だったみたいですよね。栄養失調で、授乳期間なのでおっぱいあげないわけにいかないけれど、栄養がとれない。主人はまだ小さくて、やろっこやろっこ（宮城の方言で男の子の意）って少年に入ったばかりくらいの年だったけど、栄養つけなきゃいけないから、山から海から原から、生きてるもの獲って、それがまた話聞けばほんとに楽しそうでしたよ」

飛行機鳥を食べてしのいだ

妹の誕生時、九歳だった正弘さんはお母さんのために奔走した。その様子を博子さんは、おそらく正弘さんから聞いたとおり、生き生きと再現してくれた。

「山では山菜、毒のない蛇、手当たり次第獲って料理して栄養にしたと。冒険ですよね。飛行機鳥って羽伸ばすと一メートル以上になる鳥がいて、大きな木の上に巣があるのを、そこに入るとすぐには出ていかないから、南京袋を持ってツタを登って行って鳥に袋をかぶせて羽を折ってしまう。三、四羽いるところもあって、本当に大きい海鳥なんですって。魚を食べてるもんでやせてる鳥はいなかったって。それで生き延びたみたいですよ」

飛行機鳥は、中島敦も作品の中で描写しているが、シラオネッタイチョウのことだ。全長八〇センチ以上の大きな鳥を獲物としてしとめて持ち帰る。冒険と遊びの延長が、母や家族を救う大きな仕事になっていった。鳥の入った袋を持って走る正弘少年の上気した顔が思い浮かぶ。親戚には、カタツムリを毒のあるぬめりをとらずに食べて死んでしまった人もいたり、さつまいも畑の夜警をやらされて腹ごしらえのためにおこした煙が見つかって足を撃たれ、義足になった人もいたが、中村家は無事に引き揚げを迎える。

「正弘さんは小さい身体に荷物を持てるだけ、背負えるだけ持って船に乗り込んだから、船から岸壁に足をあげるのが大変だったらしい。アメリカさんが手伝ってくれて手を引っ張ってあげてくれたと言ってました。浦賀ですね。パラオからの引揚者たちは北原尾と南原尾とに分かれることになって、南は九州だそうです。浦賀でしばらく生活してお父さんだけ先に北原尾に準備に行ったそうです。お姉さんが電車に乗って買い物に行ってたみたいで、魚の頭、日本ではあまり食べないものを買ってきて電車にのるから他のお客さんに嫌われたって。臭くありませんかなんて周りの人が話しても知らん顔していたら、ぎゅうぎゅうの電車だったのに自然と席があいて座れたそうです」

腐りかけでただ同然の値段だったかもしれない。ビニールもない時代に、魚の悪臭から離れていく人々と、生きていくためにそれをものともせず座席に座る引揚者たちが、同じ電車に揺られていた。

引き揚げた子どもは好奇の目にさらされた

「中村家はもともと北海道です。貞生さんのお父さんは山口から北海道に。パラオから戻ったら、大変な開拓で、正弘さんは学校も通わなければいけない。三年遅れで一三歳ぐらいで五年生に入ったんでしょう。我慢して卒業したようですけど。遠刈田《とおがった》温泉に学校があって、そこまで北原尾から通ったんですね。その時笑われたって。ガキ大将が『南洋の土人黙ってろ』って。あの人色白だけれど」

南洋からの引揚者の子供たちは、どうしたって色が黒い。多かれ少なかれこうした好奇の目にさらされ、からかわれた。パラオ人のマリア・アサヌマさんは、日本統治時代に日本人の子供から「黒んぼ」と呼ばれて怒ったことを証言してくれたが、引き揚げ後、パラオ育ちの日本人の子供達を待っていたのは、今度はその言葉を自分が投げつけられるという経験だったと言える。それは当時の貧しさや偏見と相俟って、おとなしく言い返せないような子供にとっては忘れがたい記憶になっているが、正弘さんは逞しかった。

「なんだ、って言い返したと。お前、南洋の土人見たことあるのかって言ったら、真っ赤な顔して何も言えなかったらしいですよ。それからは言われなくなったって。井の中の蛙よね。あんた教えてあげたんだもの、いいじゃないって。そうすると、うんって。何回か聞かされましたよ」

博子さんは、北海道生まれだが、父親が宮城の加美の開拓事務所へ転職した。函館の船に乗る待合室で見た馬車のことをよく覚えている。馬車の荷台にはイカが積んであって、動くたびに沢山落ちていたのだ。

「あれを集めたらすごい量になる、勿体ないと思っていました。母がゆでイカを買ってくれても何人もで分けなきゃいけなかったから。いい加減そんな話はしない方がいいよって言われるけど、お米だって増やさなきゃいけないから、ジャガイモのでんぷんかすをいれたり。そんな生活もずいぶんしましたよ」

鈴木光さんが宮城でほんの少しの米に、麦と大根をいれて炊いた大根飯を食べていたという話を思い出す。溝際さんの家もわずかな米にあざみをいれた。聞いて感じるのは戦時中の食卓のようだということだ。三種の神器、オリンピック、高度経済成長。学校で習う右肩あがりの戦後イメージの陰に、知られざる戦後が本当はたくさんあったのだ。

加美で中学校生活を送った博子さんが中三のとき、一家は農業開拓をしようと遠刈田温泉の七日原に入った。七日原は北原尾の隣の集落で、やはり新規開拓地だった。

「竹藪を伐採するといって、柄の長い鎌をもたされてやりましたよね。若かったけど。竹の根がなくなると草原になって、そこでささやかに牛を飼って乳しぼりをして。主人はれっきとした酪農家です。私がやるとちーちーと細くしか出ないけど、主人がやるとどんどんどんどんって」

勢いよく絞られる乳の音が聞こえてきそうだ。博子さんの仕事は飼料のための草刈りだった。ロープでしばった草の束の上に身体を仰向けに倒して束を背負って起き上がる。一キロほどの道を運んだという。北原尾と七日原は農協を通じて人的交流があった。「組合長から、お前の娘、中村にやれよってな感じだったらしいの」。顔見知りではある相手だったが、和裁もパーマもやりたい、とまだその気になれなかった博子さんをよそに話は進んだ。それでも、「親の命令だから親が保証できるわけね、それで承諾したわけ」と独自の考えを教えてくれた。半ば強引に進められたかに見える結婚だったが、喧嘩をしたことは一度もないという。

「あの人のいいようにって、私はついていけばいいんだから。そうね、うんうんうんって聞いて。だから主人はほくほくだったの。ひゃっひゃっひゃ」

ほくほくという表現が面白くて一緒に笑った。なるほどなあと思う。夫唱婦随なんて、現代からみたら化石みたいに遠い考えに思えるが、当人が楽しんでできたならそれが一番だ。そして、相手の「いいように」という考え方は価値観の新旧を超えて、大切な視点でもある。

日本が海外移住を推進していたころ

正弘さんは当時県庁で配られていたパンフレットでドミニカ移住を考える。

「主人と私と長男と三人で行こうかと。若い夫婦の受け入れがあったんです。親に話したら、親も県庁でブラジルのコーヒー園の雇用移民に応募しようとしたが満員になったと。そのうちパラグアイのフラム移住地が見つかって、そこに先に松浦運三郎さんが入っていたの。松浦さんのお姉さんのなか子さんとは友達でした」

松浦運三郎一家は一九五五年六月に日本を発っているから、中村さんたちに三年先立っている。中村家は正弘さん夫妻と幼子の邦夫さん、正弘さんの両親、正弘さんの妹和子さんとで渡った。それにしても、博子さんたちが相談する前にすでに、五〇近い両親までも、北海道、パラオ、北原尾を経てブラジル移住を考えていたというのが、当時の移住熱をよく表している。一九四九年の国会で「人口問題に関する決議案」が可決されると、産業振興、産児制限、海外移住の三項目が打ち出された。そのほんの五年前まで産めよ増やせよとやっていたのが、産児制限をせざるを得なくなったわけだ。一人っ子政策の招いた少子化にあわてる現在の中国政府を見るまでもなく、国家が国益を掲げて人口の増減に過剰に介入する弊害の大きさがよく表れていると思う。一九五四年には海外移住を推し進めるべく、財団法人「日本海外協会連合会（海協連）」が設立され、移民の募集、選考、訓練、移送、入植、現地での監督などを行うようになった。本部は東京であり、地方支部は県庁や市役所の社会部などに置かれ「移民募集要綱」が地域の人々に配られた（『南米「棄民」政策の実像』）。中村家の人々が手にしたパンフレットもこれであろう。

「船はオランダ船で、とても豪華な接待を受けました。一番下の船室だったけど、一等室にいくとよくもてなしてくれて、長男はなかなか帰ってこない。探しに行くとテーブルでアイスクリームや果物をもらっていて。桃とかネーブルとか。南アフリカ過ぎたらリンゴがネーブルになったのね。日本船は東回りだけど、私たちは西回りで二か月かかりました。シンガポールには暑い中一週間停泊して、黒人たちが夜間に貨物を積み込んでいて」

石川達三『蒼氓』にも移民船の停泊地で夜通し荷物が積み込まれることが記されている。シンガポール、それからサイゴンでも。

「マストの突端の日章旗が星空を拭うようにはためいていて、船艙には徹夜の積荷がつづけられていた。村松は不寝番の青年たちにビールとサイダーとを寄贈して元気づけてやった」

石川達三は、ケープタウンの東六七〇キロほどのポート・エリザベスを過ぎると海の水が黒く濁り始めたことに気付いている。

「印度洋は紫紺の色に澄んでいたが、そしてここではアフリカ大陸の両岸に沿うて南下した海流が衝突して三角の波が立つ。ここは世界一の荒海だ」

（『最近南米往来記』）

「ケープタウンは波が強いところがあって、テーブルの上のものはだーんって（ひっくり返った）。食堂は甲板につながっていたから、食事に呼ばれた瞬間だったのに、すべて海の方にいっちゃったりね」

シンガポール、モーリシャス、ダーバン、ケープタウン、リオ、サントス、モンテビデオ。同じ船で渡った溝際孝市さんと同じで、博子さんの頭にも経由した国名はしっかりと刻まれている。

一九五八年七月二〇日にエンカルナシオンに到着すると、海協連で入国手続きをして永住権をもらい、大型トラックで一三家族がラパスの倉庫に落ち着いた。中村さんたちは、松浦家を頼ってスタートを切った。運三郎の末子・邦雄さんに「寒い・暑い」「近い・遠い」といった単語からスペイン語を習ったという。博子さんは二四歳、正弘さんは二三歳だった。

「育てたものは最初はとうもろこし、小麦、それから油桐を植えさせられました。小豆も、日本のと少し種類が違うけども。大豆も育て始めたころでした」

本当に正弘さんのことが好きだった

途中から始めたトマトもかなり安く、三級品は一グアラニーだったという。

「そんなので生活を支えてきたよね。昼間は野菜の手入れ、トマト出すときは夕方。馬は持っていなかったから借りて来て、馬車つけてもらって、トマトをつけて、主人と二人で持っていく。おばあちゃんに孫の学校の準備とか見てもらって。行ったけどさー、車が来ない。夕飯の時間になっても来ない。夜中になっても来ない。深夜二時くらいになって来た」

トマトを夕方に受け渡す車が、深夜にやってきたという話もすごいが、そこから歩いて家に帰る話がすごい。

「隣のおばちゃんと一緒に帰るときなんか、あー、セニョーラ、眠りながら歩いてるって言われて。五キロくらいかな。夜だから歩けたのかもしれないですね。家に着く頃は（夜が）明けるころで。おばあちゃんに眠っていいよといわれても、おばあちゃんは頑張ってるから寝られない。お金とらないと（稼がないと）やっていけないもんね。苦労したねと言われるけど、もう忘れちゃったよと。今はちゃんとしているし、いいんですよ。これから生きることを考えなきゃね。朝起きたら朗らかに」

一九七七年ごろから博子さんは依頼を受けて日本語学校で教師の仕事を一〇年ほど続ける。もちろん初めての経験だった。やがて、田岡功さんの長女千幸《ちゆき》さんを教えることにもなった。

「千幸さんには先生、先生と仲良くしていただいて。田岡さんという人間を心の中で見てきたんですよ。だから田岡の娘ですと言われてね。（教えることができて）とっても光栄。土日はもう必死で指導書を読んで理解して、最初はそこに頼るより仕方がない。生徒は午前は日本語学校、午後はスペイン語学校に行きます。教え子には出世した方もいます。日本に行って戻ってこっちで歯医者さんをしているとかね。嬉しいですよ。何かの足しになったなと。先生の中には苦労してあんたたち教えたんだよなんて言う人もいるみたいですが、それはあなたの魂がそういう風にしたんだから、あなたがたの努力の賜物だよ、no、no、先生のおかげじゃないって言うんです」

東北の人らしい奥ゆかしいことばだ、と思う。no、no、あなたの魂がそういう風にした。そうやって誰かの背中にいい風を送るように、博子さんは子供たちと向き合って来たんだなと思った。

正弘さんは二〇一九年一〇月に亡くなった。

「結構長い期間咳してたんですよね、それで薬局で薬買って飲んでたんです。まさか死ぬとは思わなかった。（心に）空洞ができたようになって。話し相手にもなってくれない。寝ててもいいから生きていてほしかった。死んだらだめ」

本当に正弘さんのことが好きだった、ということが伝わって来た。主人が生きていたらもっといい話を沢山聞けたでしょう、という博子さんの言葉に、それでも十二分に正弘さんから聞いたパラオの話までも伝えてくれた博子さんの鮮やかな記憶とその表現力を思い返していた。息子さんの作ってくれた中華料理をいただいていると、その奥さんのリタさんもお店にやってきた。リタさんはパラグアイ人だ。やがて、地元の議員というパラグアイ人のおじさんもやってきて、テーブルは田岡さんや博子さんを交えたスペイン語であふれていく。リタさんが気をきかせて、正弘さんの妹・和子さんに電話をかけてくれた。和子さんは四日市市に暮らしているという。電話を受け取ると、和子さんの声がスマホから聞こえてきた。

「パラオで昭和一八年に生まれて今七七歳（取材当時）。学校は七日原で五年生まで。雪深い中、学校まで一里あったからね。開拓の手伝いは、乳牛飼っとったもんだから、牧草刈ったり。パラグアイには一四歳から三三年おって、平成三年に日本に来ました。子供たちがパラグアイで農業は嫌だというので、パラグアイの土地はドイツ人に貸してきたんです。北原尾は開拓も大変だったから、日本におったらもう孫子の末まで借金せなならんていうて、それでパラグアイ行ったらしいですよ。ははは。両親の判断は当たっていたか？そう思うより仕方ないよね、ははは」

楽しそうな声にこちらも笑ってしまう。二番目の子供らしい明るさといえるかもしれない。日本でこちらにいらしたらゆっくりお話しできますよ、と言ってもらい、終わった電話をリタさんに返すと、博子さんが私にささやいた。

「いいことキャッチできましたね」

居場所を選びなおす移民の子孫たち

博子さんたちと別れてから、田岡さんと中村家のお墓のある墓地へ向かった。中村家もカトリックの墓で、正弘さんの両親・貞生さんとシズさんの墓の横に、二年前土葬したばかりと思われる正弘さんの墓がある。土が盛り上がり頭のあたりに十字架が建てられている。ご両親の墓は内部に写真が飾られていて、シズさんの写真のそばに正弘さんの写真も飾られていた。

振り返ると、百日紅《さるすべり》のように鮮やかなピンクの花を咲かせた大きな木が青空を背景に美しかった。何本かの木が植えられて成長し、その陰にレンガ造りの「大和村慰霊碑」があった。私ははっとした。中村さん一家は、パラオでも「大和村」に暮らしていた。戦前戦後と、二つの大和村を生きた家族はそういない。

日本人が移民だったころ、苦労や苦難は当たり前にあった。よりよい明日のために古い土地を捨て、何度でも新たな土地に挑み、根を下ろした。同時に、和子さん一家のように時代の流れとともに柔軟に、移民の子孫たちは、再び自分たちの居場所を選びなおしている。

パラオからの引揚者と彼らの戦後をめぐる旅は、毎度その第一世代、第二世代のバイタリティに驚かされる旅でもあった。そしてそれは最後に出会った博子さんの言葉に象徴されているようにも感じた。

「これから生きることを考えなきゃね。朝起きたら朗らかに」

移民の子が大使になった

パラグアイ・フラム

田岡功（イサオ・タオカ）さん

ここまで、パラオ引揚者の各地で築いた戦後の有りようを知ろうと、様々な人に出会い、お話を伺ってきた。最後の地パラグアイで出会ったタオカさんは、引揚者ではなく、パラオとの縁はないものの、戦後移民として特筆すべき経歴の持ち主であり、最後に一章を設けたいと思う。

田岡家の食事は基本和食だ。少し前に病気をしたという田岡さんのために、奥様の三千代さんが必ず毎食サラダをつけて、そのほかにもいんげんの胡麻和え、きゅうりの味噌和え、焼きナスの酢の物など栄養バランスの整った食事を用意していた。田岡さんは、大使時代のインタビューで、日系人の自分が要職を任された背景について語っている。

「日系1世の私が大使になるのは、国会が承知しないと思っていました。与党が賛成しても野党は反対するのが常でしょう。ところが、異例の与野党満場一致で承認されたんです。国会議員の中の5人や10人は女房の日本食を食べていましたからね」

（『週刊朝日』）

急に一〇人連れていく、という連絡が来ると二〇人近くになっていたため、皿鉢料理のようにしてバイキングスタイルで対応したという。

リビングにはテレビが二台あり、一台にはパラグアイのスペイン語のニュース、もう一方ではNHKのニュースが流れている。

ガムシャラな開拓

三千代さん一家も、田岡さん一家が徳島を発った二か月後の一九五八年四月に、香川を発って渡ってきた。三千代さんは、畑仕事に忙しい両親が、移住が決まってからは荷造りの準備で家にいるようになり、「船の中でも二カ月というものは両親と一緒に居られて、これが子供心に嬉しかった」と回想している（「座談会　30年をふり返る」『みどりの大地』）。途中のシンガポールでは父親がどっさりバナナを買い込んできたという。当時日本では高級品だったバナナをどっさり食べさせてやれる父親の得意な顔、三千代さんの喜ぶ顔が思い浮かぶ。到着時はエンカルナシオンの港からトラックの荷台に乗った。六月で寒かったが、星がきれいだったという。しばらくはラパスの収容所に暮らし、大根葉の塩味の汁などを美味しいと感じた。当時はオウムやハトを鉄砲で撃って食糧にもしたようで、日本ではあまり食べない肉の出汁だったのだろう。船で支給された衣服は、現地の人と鶏や卵と交換したという。

三千代さんは荷馬車に乗って学校へ行った。馬は道を覚えていて、帰りに居眠りしてもきちんと送り届けてくれたという。三千代さんのやってきたころには、日本語を学べる学校もできており、スペイン語を学べる現地校と両方に通ったが、初期の移民たちは、日本語を学べる環境が整わないまま、現地校のみに通ったという。一九五七年に日本語学校が整備され、三千代さんのころには選択肢が増えたが、小学校高学年になると辞めていく子が多かった。「当時もう少し両親がすすめてくれたら自分達も上級まで進んだろうなと思います」と三千代さんは振り返っている。農民になるのに教育は必要ない、地方出身の移民たちは戦後もそう考えたのだろうか。親たちは必ずしも教育に無関心ではなかったが、「ガムシャラな開拓で、親も子も木の一本も持てる子、マイス（トウモロコシ）一本植えられる子は稼動力の一つだった」という意見もある。目の前の生活を少しでも前に進めるために、一家総動員の必要があったのだろう。三千代さんの中では十分な教育を受けられず、長らく「両親の犠牲になってしまった」という思いがあったようだ。しかし、子育てで子供たちが思春期にさしかかる中で、「やっぱりそういった両親をうらむというか（＊自分自身の思春期を振り返り）、開拓の苦労がどんなものであったかということが段々と理解されてきた。子供達の教育についてはもっと充分な教育をさせてあげたい」と心情を語っている。

「父は南方の方にいって、特攻隊になる前に戦争が終わったと。酒を飲むのが強かった。僕は絶対酒飲みにならないと思って」

空港に向かう復路の車中、田岡さんは相変わらずのスピードで車を飛ばしていく。

「(人が集まって) 朝の二時だろうと三時だろうと、どれだけ寒かろうが飲みに来る。一〇リットルから二〇リットルくらい飲む。これしかないのかと言われたら夜中だろうとなんだろうと買いにいかされました。四五度から六〇度くらいのお酒。だから身体を壊す。みなさん早死にした人が多い」

お父さんの覚義さんは特攻志願兵だった。深酒の理由ははっきりはわからないが、沢山の仲間を失っている可能性もある。加えて、開拓の厳しさ、先の見えなさもあっただろう。移住から一〇年で七〇パーセントの家族が転住したという(『地球時代』)。多くの仲間が見切りをつけてブエノスアイレスに移った直後などは、残留組の間に寂しさや不安もあったに違いない。移民一世の胸中は複雑だったと思われる。

「道や学校、病院は整備されているという日本政府の宣伝文句にだまされたと恨む人が、親の世代にはいますよ。でも僕らは子どもで、入植の前も日本の山や川を走り回っていましたから、開拓地も似たようなものでしたよ」（『週刊朝日』）

と田岡さんは回想しているが、色々な保障を念頭に夢を描いて海を渡った一世と、わけもわからずそこに連れられてきて育った二世の感覚の違いは興味深い。

「大使として日本に行きませんか」日本国籍を捨てて駐日大使に

入植して一一年目、田岡さんが三千代さんと結婚した年に覚義さんは交通事故で亡くなってしまう。移住地の世話役をつとめていた覚義さんの後を田岡さんが継ぐことになり、ここから彼のリーダーや交渉役としての才覚が花開いていく。農協の組合長、農協中央会会長、ラパス市長、日本人会会長など要職は数え切れず、回想録や記念誌を見ても必ずといっていいほど田岡さんが時期ごとに色々な役についていたことがわかる。こうして二〇〇四年移民出身としては初めての駐日パラグアイ大使が誕生することになった。駐日大使のみならず、駐日大使になるために日本国籍を捨てたことで、パラグアイ人として駐ベトナム大使や駐オーストラリア大使などもつとめている。

二〇一一年東日本大震災が起きたときも田岡さんは、すぐさまパラグアイで義捐金を集めるために動き出した。まずは二万ドルを集めて赤十字を通して被災地に送った。その後田岡さんは、パラグアイの日系農家が育てた大豆で豆腐を贈るプロジェクトを発案する。移住地のうちイグアスの農協は非遺伝子組み換え大豆を作ってもともと岐阜に送っていた。そこでイグアス農協で足りない分は遺伝子組み換え大豆も混ぜて一〇〇トンの大豆を用意した。一〇〇万丁の豆腐プロジェクトが動き出した。

「市町村は夏で生ものだから嫌がる。協力隊だとか支援者が、持ち込むものは喜ぶけど、保管する立場だと困ると。当時、大豆を送ったイグアス農協からの代表二人を日本に送った。それで、市町村や知事に頼んで歩いて、受け入れてもらうように頼んで、それで気長にやろうということで、一遍に一〇〇万丁でなく、翌年の二月に一〇〇万丁になった」

大豆を岐阜に送り、豆腐にしてもらって被災地へ継続的に送る。農協内では、豆腐のためにお金だしたんじゃない、返してくれという意見もあったが、おおむね賛同してもらえた。そして結果は大きなインパクトとして残った。

「豆腐は総理にも天皇にも持ち込まれた。総理も感動した。日本円でいえば一億円くらいですから、金額になおしたら赤十字の金に比べれば大したことはない。でも心が通じた。どういう評価をされたかと言うと、今までパラグアイとの支援事業、すべて止まっていたんですね。でも進めようということで、水道工事一八億円とか、色々事業や融資がまた進んだ。大統領が変わって、日本にいくと、まず先に総理や天皇から感謝を言われる。一〇〇万丁の豆腐のこと。記念誌にもでてきますが、眞子殿下の挨拶にも出てきました」

眞子さんは二〇一六年にパラグアイを訪問している。

「赤十字で被災地にお金を送って、手紙は頂いた。けどそのあと、私が被災地行っても、その地域の人たちには一〇〇万か一五〇万か覚えてくれてる人はいない。結局その一〇〇万丁の豆腐の心は一つというのはとても受けて、何百通という感謝の手紙をもらった」

思わず『伝え方が9割』というベストセラー本のタイトルを思い出してしまったが、広く人に訴える技法というのは、一見表面的なことに思えるが、小手先と片付けられない重みがあると思った。いくら寄付した、という金額の下に隠れてしまいがちな人の「心」を見えやすくする、というシンプルなことなのかもしれない。

「日本の人形に日の丸をつけて、パラグアイの人形に三色の国旗を色づけて、地球儀の上に二つ付けたんです。心は一つというメッセージね」

地球の反対側だからこそ、普段は見えてこない秘められた熱い思いがある。でも大災害という危機を前に、二つの人形と二つの国旗と地球、そのたった三つを組み合わせることで想像以上に人の心を打つ表現となったのだ。二つの国の架け橋となった田岡さんは当時パラグアイ日系人からの寄付と報道した関係者にこう伝えたという。

「日本人（日系人）だけの義捐金ではないですよとくぎ刺したんです。日系人だけが用意したととられたが、パラグアイの子供たちも、政治家も出したと」

『日本人が移民だったころ』

下記ページの該当箇所の人名に誤りがありました。
訂正してお詫び申し上げます。

【誤植】
誤：上原良二
正：上原和彦

P２　　目次　右から５行目
P61　　章トビラ
P62　　右から９行目
P78　　右から１行目
P194　謝辞　右から３行目

河出書房新社

田岡さんは、当時被災地の写真展などを行い、パラグアイ社会全体に寄付を呼び掛け、多くのパラグアイ人が日本に寄付をした。困ったときは助け合う。国籍を超えて、人種を超えて。日本文化を保存するとともに、努力してパラグアイ社会になじみ、そこでよい関係を築くことに注力してきた日系社会を率いてきた田岡さんだからこそ、日系人社会の内輪だけの寄付ではないことを強調したかったただろうと思う。

田岡さんは二〇〇七年の駐日大使当時、南山大学で講演をしている。

カトリックの国パラグアイでは、洗礼を受ける時の名付け親、代父・代母が実の親と同じように子育てに加わるのです。このような人間関係は人種・民族を超えて擬似親子関係を形成します。パラグアイ人に大事に育ててもらった恩を感じる日系人たちは、あまり日本人と関わりません。日本人に対する思いなどはないのです。

（『地球時代』）

田岡さんは日系社会の若い世代のことを言っているのだろう。それを否定はせず、自分は日本人として移住地で育ったから、移住地の日本人に恩返しがしたいと述べている。田岡さんは、長女千幸さんの結婚について、当初日系人でなければと考えていた。しかし、パラグアイ人青年と恋におちた長女を止めることはとうとうできなかった。若い世代には若い世代の役割と価値観、生き方があるということについて、結婚を許し、外国人の婿と付き合っていく中でも、田岡さんは考えたに違いない。

二〇〇〇年、五七歳のとき田岡さんはパラグアイ大統領から国家功労章勲三等を受章した。パラグアイ駐日大使に就任したのはその四年後だ。

私は大統領から「大使として日本に行きませんか」と問われた時、外交官の教育も学歴もなくその上に二重国籍であることを申し上げました。(中略)日本国側としても特命全権大使として受け入れが決まるには問題でした。現在、私はパラグアイ国民として日本に来ております。元の日本人に戻ることはできませんが、戸籍を残すには、家内と離婚して改めて再婚し日本国籍を求める話は冗談とも本気ともつかない笑い話でした。私にとっては二つの母国を持つ人生を大使として両国の架け橋として人生の最後の務めを誓い、一四年間育ててもらった日本と四七年間の移住を受け入れてくれたパラグアイとの架け橋として恩返しができたら、最高の務めと受け止め頑張ってみたいと思いました。

(『地球時代』)

徳島から渡った日本人移民の子は、そのために日本国籍を捨ててパラグアイ人になった。

田岡さんという秀でた個性ゆえだったことはもちろんだろうが、移民にそれを許したパラグアイという国のインターナショナルな風土もあるだろう。古くからヨーロッパの国々を含めて移民を受け入れてきたこの国は、人種のるつぼといっていいほど、多様なルーツの人々が血縁的にも交じり合ってパラグアイ人となっている。お隣ブラジルもまた、フジモリ大統領という移民出身者が国政の大役についたことでも知られている。

ここ数年日本の国力が落ちたということが、国内でも騒がれるようになってきた。移民を迎える側だったこの国は、アジア諸国の中でもぐっと低迷し、すでにアジアの移民からも稼げない、と避けられるようになっている。最近のニュースでも目にしたが、日本人が働く場を移すために海を渡り始めている。賃金が上がらない国内で一年はたらくより、賃金が二倍の国で数年働いてくる、あるいは永住を覚悟で移住する。

しかし、歴史に学ぶならば悲観することは無いのではないだろうか。よりよい明日を夢見て移民として海を渡った人々の子孫たちは、またいつの日かルーツである日本に帰ってくるかもしれない。入管での仮放免の外国人への差別的な扱いや、死亡事件もようやく表ざたになってきてはいるが、内向きで遅々として国際化が進まない日本が、意識の上で変わるには、国をまたがって己のルーツを持つ人々がもっと増え、もっと身近となった方がいい。せめてその頃には、もう少し移民というものを多角的にとらえ、すこしでも紳士的な対応のできる国になっていてほしいと切に願う。

あとがき

二〇一九年八月、宮崎県小林市の環野を再訪した。パラオから引き揚げた久保松男さんがパラオの伝統的な建築物バイ（日本人の間では多く「アバイ」と呼ばれてきた）を建てた開拓地だ。『あのころのパラオをさがして』の執筆のためにインタビューをさせていただいた久保さんは、環野の成り立ちに関わるパラオ移住の歴史を忘れないためにとバイを建てた。

環野には、パラオからいくつかの歌が伝承されていた。その一つが「ヌシハアバイデ」。元歌は「カナカの娘」で、日本語からなっているが、原曲が一度崩されてどこか島民たちにも歌われたような感じが残っているのが特徴的だ。

1. 主はアバイでこの月夜
私しゃ浜辺で唯一人
切ない想いあーあー

私の気がもめる

2. 様の腰みのサラサラと
吹くは浜風　向い風
恋風　吹けよあーあー
主の風たより

3. 浜辺好きな御方は　やはり好き
嫌な御方はやはり嫌
どなたが招くあーあー
聞くは磯千鳥

同じ歌は、宮城県の北原尾地区の記念誌に「アバイの月（カナカの娘）」として記録されていた。パラオ時代の青年会などで広く歌われたものなのだろう。

福島からフィリピンに嫁いだ母と、喫茶店経営をしていたフィリピン人の父との間に生まれた久保さんは、父の死と共に福島に戻り、パラオから日本人女性を探しに来ていた人に連れられ、パラオに嫁ぐ母について弟と共にパラオに渡った。久保姓はパラオにいた男性、久保さんの義父になった勇吉さんの苗字だった。勇吉さんには、すでにパラオ人女性の妻も、沖縄人の妻もいたというが、南洋アルミニウムの正社員になるためには日本人妻が必要だったのだという。当時の日本人の中にあった差別意識を考えざるを得ない。

久保さんは引き揚げ後、環野の開拓に取り組み、生活が安定してからはバイを作って集落の歴史を伝えられるように活動されてきた。このバイに施された絵や文様を描くのを手伝ったのが、宮崎の高校で美術教師をされている山中悦郎《やまなかえつろう》さんだった。バイは完成した二〇〇五年から年月が経ち、テレビのバラエティで取り上げられたこともあったというが、私が初めて訪れた二〇一七年三月にはずいぶん色あせてしまっていた。久保さんから山中さんの名前を伺い、フェイスブックでコンタクトをとってみると、完成当初のバイの写真を送って下さった。数週間して連絡が入った。

「アバイ、久保さんが突然壁の塗装を始めました。いつも思い立ったら即実行の方です。電話があったので、コーキング（雨漏り防止）の前に古い塗装被膜のけれん（磨き・さびおとし）、次に塗料がのるコーキング注入。最後に塗装、という順番を伝えました。高齢なので、高い所が心配ですが、私の仕事がバタバタしてまして、余裕がありません。海外のツアー客の誘致のためとかとにかく突き進む人です。その開拓精神で今まで生きてきたのでしょう。問題は日本の塗料の耐久性です。パラオの塗料の方がおそらく長持ちしています」

山中さんによれば、当初はパラオ移住を伝える展示室のようになっていたバイのスペースは途中、久保さんが掘り当てた水の販売権を買い取った会社が使うようになってしまい、当初の歴史を学べる場所にという目的からずれてしまったという。色も褪せてしまったバイだが、私のようにパラオ関係でたまにやってくる訪問客にもう少し良い形で見せたいという思いが久保さんに生まれたのかもしれなかった。このメールを山中さんからもらった二年後の春、私はパラオ大使から電話を貰いパラオ独立二五周年の記念冊子執筆の依頼を受けた。それならば久保さんとバイが写った写真の一枚でも載せたいな、という思いが浮かんだ。久保さんに電話してお会いする約束をしたついでにバイについて聞いてみると、前回直したのは下の方だけで、全体はお金ができてからということだった。こうして二〇一九年八月に環野を再訪することになり、小林駅までは山中さんが車で迎えに来てくれることになった。山中さんによれば、壁の絵をもう一度描こうという話になっているものの、奥様が難色を示されているようだった。「お金が出来てから」という久保さんの言葉を思い出す。ご高齢の久保さんを、クラウドファンディングなどで支えることはできないだろうか、ということも頭の片隅に浮かんだ。

山中さんと一足早く待ち合わせのバイに着く。外側が綺麗に塗り直されていた。内側も部分的には描かれていたが、がらんとして長らく使われていない雰囲気があることは否めない。途中から奥様の美代子さんと久保さんがやって来た。いまや同じく移民としてパラオにいらした美代子さんのほうが記憶をよくお持ちのようだった。それでも、久保さんのパラオやバイへかける情熱は衰えることなく、確実に家計を圧迫する。私は話の流れの中で、資金が難しいのであればネットで寄付を広く募ることもできると提案してみたが、とにかく美代子さんは夫のパラオへの情熱を揺り起こしてしまうものを警戒しているようだった。「アバイだってこの人が死んだら、私たちは管理はできないし、誰かが買い取ってくれればいいけれど」と、息子さんも同様に考えているようなニュアンスで美代子さんが語られたので、移住を後世に伝えるアバイの運命も久保さんの代までになってしまうのか、と残念な気持ちになった。自治体が保存に絡んでくれないものだろうか。

希望はパラオ大使だった。大使館での記念冊子の打ち合わせの際に環野のことを話すと知らなかった様子だが、現地のバイのことを伝えると興味を持ってくれたので、大使が訪問となれば、自治体の意識も少し変わるのではないかと思われた。そしてその訪問は意外にもスムーズに実現したのだ。このことを機に久保さんは再びバイを資料館としてよみがえらせたのだ。私は、訪問時に美代子さんの反対の意向を身をもって感じていたので、久保さんがその家庭内プレッシャーの中、それでもパラオを伝えるために情熱を燃やし続ける執念のようなものに心打たれずにはいられなかった。

環野の人々は、パラオから「島民踊り」や歌と共にあつい慕情を持ち帰った。しかしそれらを再現できる人は減り、忘れられつつある。数年後には九〇という齢まで生きのこった証言者として、自分が伝えなければ誰がやるんだ、という久保さんの尽きない気概が伝わってくるようだった。環野は高原野菜、宮城の北原尾は酪農に活路を見出した開拓地になった。

パラオからの引揚者たちは、他にも各地の開拓地で奮闘していた。彼らの「パラオ以後」は、内地の山間部と河川沿いでも異なり、山深い内地の開拓と沖縄、北海道でもまた違った。彼らの一部は、開拓地での厳しい開墾に疲れ、戦後の南米移民へと続いていった。移民として戦後を迎え、再び移民として戦後を生きていった人たちがいた。そして直接会うことはなかったが、上野英信の半世紀前のルポが、炭鉱閉鎖前後から南米に渡った炭鉱離職者たちのありようを伝えてくれた。

上野英信は、一九二三年山口生まれ。戦前は満州の建国大学の学生であった上野が、戦後入学した京都大学支那文学科を中退した背景には広島での被爆体験があった。

広島の地獄を見、広島の地獄を生きた人間の一人として、私は終世、人間そのものとしての地獄を生きるよりほかに、地獄から逃れる途はないのだと思った。

（『廃鉱譜』）

非常にまじめな、切実な思いに突き動かされ、学問を捨てて筑豊へ身を投じた青年は、やがて炭鉱夫たちの声や生き様を伝える記録作家となる。晩年はかなわなかったが、郷里にいた製塩労働者を描きたいと願っていたという。過酷な労働として知られる製塩労働者には「浜子浜子とみさげてくれな」という歌（瀬戸内大三島の浜子唄）も残っている。

上野は、筑豊について明るくて悲惨な土地という意味をこめて「陽惨」という言葉で表現した。きつい肉体労働であるだけでなく、爆破事故や落盤事故も多い炭鉱は外からみれば「惨」の面ばかりが際立っていたかもしれない。彼は中に入っていくことで炭鉱の人間たちの「陽」を受け取った。その人間的魅力に魅せられたからこそ、南米に渡っていった彼らのことが気になって仕方なかったに違いない。

『出ニッポン記』を読むと、南米に渡った炭鉱夫たちを待っていたのは、日本人移民社会の中での差別的な対応やまなざしがあったことがよくわかる。「たんこたれ」と自称した炭鉱離職者の言葉からは、みじめな存在として眺められた一面も浮かぶが、一方で彼らが日系人社会から浮いてしまう背景には、理不尽な待遇に対しては主張をしていく労働組合経験のある炭鉱夫ゆえの近代性も影響していた。彼らの多くはだからこそ、働き方や子弟の教育について因習の形をなかなか崩さない日本人社会と距離をおき、現地民たちになじみながら土地に根付いていった。

三井鉱山が閉山にあたり彼らの南米移住を奨励したこともまた、見過ごせない事実だろう。日本という国が、戦前過剰な人口をあれやこれやの宣伝文句で外地へと送り出したように、あるいは戦後国内にあふれた引揚者を再び南米へと送り出したように、時代に見捨てられた大量の炭鉱夫たちは三井という企業によって南米へと送り出された。立場の弱い者が国の外へと押し出される。これは時代を超えて見られる普遍的事実かもしれない。

戦後の南米といえば、米軍人と日本人の間に生まれた「混血児」たちを世話した「エリザベス・サンダース・ホーム」で、PTAの反対により、地元の学校から入学を拒否された「混血児」たちの一部が送り出された土地であったことも忘れてはならないだろう。

しかし、上野が筑豊を「陽惨」と表したように、人々の移動とその先の生活は「惨」一色の物語ではない。九州から沖縄にかけて早くから、海外を目指して移動した人々が多かったように、そこにはよりよい生活をもとめて新天地に向かう夢があり、野心もあったと言える。パラグアイで出会った溝際さんが「まだそこにしがみついているのかな」と亡父のパラオからの経由地でもある宮城県北原尾の開拓地について語ったように、苦労を経てそれなりの安定を築いた移民の中には自負も生まれている。

「ああ、日本もブラジルも先祖は一つだ。それならおれもここから動かんぞ、と決心しました」(『出ニッポン記』)という伊藤辰男さんの心は、震災時の支援のなかで「日本の人形に日の丸をつけて、パラグアイの人形に三色の国旗を色づけて、地球儀の上に二つ付けたんです。心は一つというメッセージね」と語った田岡さんのそれや、九〇を超えてなお戦前の移住地パラオの建造物であるバイの補修に情熱をつなぐ久保さんの熱い思いとも繋がっている。狭間に生きる者たちは、隔たる二点を結ぶイメージを内に秘めている。それは戦前から戦後にかけて、支配するものたちの思惑と繰り返された甘言の裏でよりよい明日を夢見、戦争や痩せた土地と格闘した移民たちが、陽と惨の狭間に生きた証であり、彼らの人生の果実であるのかもしれない。

最後に二〇二三年五月現在、入管法改正の流れを受け、各地でデモが起きていることも記しておきたい。ただでさえ低い難民認定率の中で、「不法滞在」として、稼ぐことや移動の自由も制限され人権を侵害されている人々を、以前よりも容易に本国に送還することを可能にする制度が始まってしまうという危機感が、国際結婚をした当事者や、その支援者、貧困支援の中で外国人困窮者の増加を実感してきたＮＰＯ関係者などの間に切実に共有されている。今回の改正に賛成する人々は、「不法滞在者などすぐに出ていくべき」と考えている。しかし、そう考える彼らに「不法滞在者」のリアルがどれほどにわかっているのだろうか。幼いころに日本にやってきて日本の学校に通い、日本語が母国語のようになっている外国籍の若者はたくさんいる。しかし、彼らが難民申請を求めて得られない人々＝仮放免者である場合、どれだけ流ちょうな日本語を操ろうとも、職を得ることはできない。なぜ帰らないのか、と入管法改正の賛成派は問う。飛行機でやってくるのは難民ではない、と難癖をつける。レッテルを貼って一つ一つのケースを見ない。母国にいては命が危ない、そういう人が基本的には逃げてくる。しかし、命が危ない、にも色々ある。たとえば埼玉県に多く暮らしているクルド人たちは、トルコではトルコ人社会の中で暮らしており、すぐに皆殺しにされるような危機があるかと言えばそうではない。しかし、トルコ人からの差別的まなざしは日常的にあり、独立を求めてトルコ政府と戦闘状態にあるクルド人過激派の人々に心情的には同調する人も多い。こっそり協力したことがばれれば敵とみなされ殺される。あるいは、トルコ政府による徴兵という問題もある。おとなしく徴兵に従ってトルコ軍に入れば、同胞のクルド人を殺すことを求められる。同胞を殺すか自分の心を殺すか、抗って命を狙われるか。マイノリティの彼らが、このような心理的ストレスに絶えずさらされる国から逃げ出すことは当然ではないのだろうか。

振り返れば、海外に渡った日本人たちも、人種差別的なまなざしの中で、アメリカやブラジルなどの国々で迫害を受けてきた歴史がある。しかしそれらを乗り越え、それぞれの社会で居場所や権利を獲得し、他民族との共生を体現して生きてきた人々も多い。

二〇〇四年五月一九日のニッケイ新聞は田岡功さんの大使就任を「駐日大使に帰化人抜

擢＝パラグアイ　ラパス市長・田岡功氏」こう報じた。

パラグアイ国ラパス市の田岡功市長（六〇、帰化人）が駐日パラグアイ大使に抜擢されたことが明らかになった。（中略）田岡氏はニッケイ新聞社の取材に対し、「パラグアイのことをもっと日本人に知ってもらいたい。恩義を感じているパラグアイと日本との橋渡し役になりたい」などと抱負を語った。

田岡さんは「恩義」と表現した。外からやってきた人を人権侵害の制限だらけのやり方で扱うのか、感謝されるようなやり方で遇するのか。この問いは、移民受け入れをめぐる入管法改正が「改悪」と言われ注目を集めるこの国が、長い目でみたときに、両国のかけ橋となるような人材を生み出すことができるかという問題にも繋がっている。

経済的なことだけではない、人はより生きやすい場所を求めて国を離れる。今こそ移民の送り出し大国だった日本の歴史と、日系の人たちのそれぞれの国での歩みが紐解かれ、共生社会への道程を学ぶ時だと思う。

主な参考資料

書籍

若林功『北海道開拓秘録　第一篇』月寒学院、一九四九年
島村恭則編『引揚者の戦後』新曜社、二〇一三年
『郷土誌　長谷開拓のあゆみ』長谷小つわぶき大学、一九八九年
『原尾集落』二〇一三年
『ブラジル移住者便り』拓務省拓務局、一九三四年
永嶺重敬『「リンゴの唄」の真実　戦後初めての流行歌を追う』青弓社、二〇一八年
宮本常一『日本の離島　第2集：宮本常一著作集　第5巻』未來社、一九七〇年
『我孫子市史研究』我孫子市史研究センター、一九九八年
大和田武士編著『手賀沼ブックレットNo.9　千葉の戦後70年　語り継ぐ戦争体験』たけしま出版、二〇一六年
『渡名喜村史　上下巻』渡名喜村、一九八三年
柳田国男『沖縄文化叢説』中央公論社、一九四七年
瑞慶山茂『法廷で裁かれる　南洋戦・フィリピン戦　被害編・訴状編』高文研、二〇一八年
森亜紀子編『日本統治下南洋群島に暮らした沖縄移民：いま、ひとびとの経験と声に学ぶ』二〇一三年
宮城政八郎『与那国物語』ニライ社、一九九三年
池間苗編『与那国郵便局創立七十周年　与那国郵便局と父の生涯』一九九六年
『与那国島　町史　第三巻　歴史編』与那国町、二〇一三年
上野英信『出ニッポン記』潮出版社、一九七七年
『津別町百年史』津別町百年史編さん委員会、一九八五年
『栄光の礎　パラグアイ日本人移住五十年史』パラグアイ日本人移住五十周年記念誌刊行委員会、一九八七年
遠藤十亜希『南米「棄民」政策の実像』岩波書店、二〇一六年

佐藤秀明編『三島由紀夫紀行文集』岩波文庫、二〇一八年
石川達三『最近南米往来記』中公文庫、一九八一年
浅香幸枝編『地球時代の多文化共生の諸相：人が繋ぐ国際関係（南山大学地域研究センター共同研究シリーズ1）』行路社、二〇〇九年
『フラム移住30年の歩み　みどりの大地』フラム移住地30年誌刊行委員会、一九八五年
『帰りなんいざ田園まさに荒なんとす　加藤一郎対談集』農協協会、二〇一一年
上野英信『廃鉱譜』筑摩書房、一九七八年

雑誌・Webその他

『宮崎日日新聞』二〇〇二年三月二九日付
『年報日本史叢』筑波大学大学院人文社会科学研究科歴史・人類学専攻、二〇〇二年
『中央学院大学社会システム研究所紀要　第6巻第1号』二〇〇五年
『移民研究　第六号・第九号』琉球大学移民研究センター、二〇一三年
『植民地文化研究　第18号』植民地文化学会、二〇一九年
與那覇栄蔵「米軍という絶対的な権力との対峙」『情報労連ウェブ』二〇二二年五月一三日　http://ictj-report.joho.or.jp/2205/sp06.html
栗原俊雄「南の島で家族奪われ苦しみ今も　南洋戦を生き抜いた人たちの国に問う闘い」yahoo ニュースオリジナル、二〇一九年八月一三日　https://news.yahoo.co.jp/feature/1412/
『沖縄文化　118号』沖縄文化協会
『文化人類学』日本文化人類学会、二〇一六年
『援護のあゆみ』琉球政府社会局、一九五八年
『海洋少年』海と空社、一九四〇年
『婦人倶楽部　第23巻11号』講談社、一九四二年
『週刊朝日』朝日新聞出版、二〇〇五年七月一五日号

本書の執筆・取材にあたってご協力いただいた左記の方々に感謝します。（敬称略）
伴野昭人、平尾富士子、野村武、野平裕樹、山崎登、中川博司、玉根康徳、山田恒久、上原良二、阿良光雄、山本邦彦、瑞慶山茂、池山由香、ルシア塩満、鈴木光、溝際孝市、中村博子、イサオ・タオカ、田岡三千代、久保松雄、久保美代子、山中悦郎、フランシス・M・マツタロウ、寺尾恵子、谷村友也、谷口愛

初出　スローニュース　二〇二一年三月〜一一月掲載
単行本化にあたり、追加取材の上、大幅に加筆・修正しました。

カバーデザイン　佐藤亜沙美
写真　©共同通信社／アマナイメージズ、ジャパンアーカイブス株式会社

寺尾紗穂（てらお・さほ）

一九八一年、東京都生まれ。東京大学大学院総合文化研究科超域文化科学専攻比較文学比較文化コース修士課程修了。二〇〇六年にシンガーソングライターとしてミニアルバム『愛し、日々』をリリース。〇七年にアルバム『御身』でメジャーデビュー。音楽活動のかたわら、ノンフィクションやエッセイを執筆し、文筆家としても活躍中。著書に『原発労働者』（講談社現代新書）、『南洋と私』（リトル・モア）、『あのころのパラオをさがして　日本統治下の南洋を生きた人々』（集英社）、『彗星の孤独』『天使日記』（ともにスタンド・ブックス）など。〇九年よりビッグイシューサポートライブ「りんりんふぇす」を主催。二一年、自身のレーベルとして「こほろぎ舎」を設立。

日《に》本《ほん》人《じん》が移《い》民《みん》だったころ

二〇二三年七月二〇日　初版印刷
二〇二三年七月三〇日　初版発行

著　者　寺尾紗穂
発行者　小野寺優
発行所　株式会社河出書房新社
〒一五一－〇〇五一
東京都渋谷区千駄ヶ谷二－三二－二
電話〇三－三四〇四－一二〇一（営業）
〇三－三四〇四－八六一一（編集）
https://www.kawade.co.jp/

組　版　株式会社キャップス
印　刷　モリモト印刷株式会社
製　本　加藤製本株式会社

Printed in Japan
ISBN978-4-309-03122-4

ダンティール・W・モニーズ 著 押野素子 訳

『ミルク・ブラッド・ヒート』

予期せぬ悲劇によって親友を失った少女に去来したものとは？　ロクサーヌ・ゲイらが激賞する黒人文学の新世代による衝撃の短篇集。

キム・ボヨン 著 斎藤真理子 訳

『どれほど似ているか』

韓国発の世界的ＳＦ作家が遂に上陸。タイムリープ、ＡＩ、サイボーグｅｔｃ．鋭い社会批判とダイナミックな想像力が融合した珠玉の作品集。

御代田太一『よるべない100人のそばに居る。〈救護施設ひのたに園〉とぼく』

〝最後のセーフティネット〟救護施設で新米生活支援員が出会った人、出来事を通し見えた社会を綴る、奮闘の記録。

西條八十 著 芦辺拓 編『あらしの白ばと』

かつて「女学生の友」に連載され、少年少女たちが熱狂した、超入手困難な少女小説が待望の復刊！　詩人として知られる著者が遺した、知られざる冒険活劇。